国土空间卫星遥感监测与评价方法研究及应用

王 权 张 涛 王光辉 等 著

科 学 出 版 社

北 京

内 容 简 介

本书共分为上下两篇。上篇为理论与方法，系统介绍了国土空间监测与评价数据源、遥感信息提取技术、遥感监测评价单元体系以及遥感监测与分析评价方法等内容。下篇为应用与实践，主要介绍了国土空间卫星遥感监测与评价的应用案例，内容涉及风力发电设施、城市空间扩张、交通网络、城市宜居、用地指标、经济发展和自然资源动态变化等专题的监测分析等。

本书内容紧密围绕国土空间卫星遥感监测、分析、评价的技术和应用展开，内容丰富全面、实用性强，可为从事国土空间规划与监督实施、自然资源监测监管、国土资源调查监测以及遥感、测绘、地理信息系统等相关专业的工程技术人员研究与实践提供借鉴和参考。

审图号：GS 京 (2023) 2350 号

图书在版编目 (CIP) 数据

国土空间卫星遥感监测与评价方法研究及应用 / 王权等著. —北京：科学出版社，2023.12

ISBN 978-7-03-077329-6

Ⅰ. ①国… Ⅱ. ①王… Ⅲ. ①遥感技术-应用-国土规划-监测系统-研究-中国 Ⅳ. ①F129.9-39

中国国家版本馆 CIP 数据核字 (2023) 第 255286 号

责任编辑：郭允允　程雷星 / 责任校对：郝甜甜
责任印制：徐晓晨 / 封面设计：图阅社

科 学 出 版 社 出版

北京东黄城根北街 16 号
邮政编码：100717
http://www.sciencep.com

北京建宏印刷有限公司 印刷

科学出版社发行　各地新华书店经销

*

2023 年 12 月第 一 版　开本：720×1000　1/16
2023 年 12 月第一次印刷　印张：14 1/4
字数：280 000

定价：158.00 元
（如有印装质量问题，我社负责调换）

作 者 名 单

王　权　　　张　涛　　　王光辉

齐建伟　　　戴海伦　　　郑利娟

张　伟　　　刘　宇　　　陆　尘

艾　萍　　　李沛川

序

2011 年 12 月，资源一号 02C 卫星成功发射，填补了我国国内高分辨率卫星遥感数据的空白。此后，随着《国家民用空间基础设施中长期发展规划（2015—2025 年）》的实施，我国民用高分辨率对地观测卫星数量快速增长。卫星观测载荷涵盖了光学、高光谱、合成孔径雷达（synthetic aperture radar，SAR）、激光等传感器类型，陆地卫星观测体系不断完善；空间分辨率达到了亚米级，各项指标大幅提升；遥感服务涉及自然资源、生态环保、农业、气象、水文、林草等多个行业，应用领域加快拓展；人工智能、大数据等前沿技术与遥感技术的融合应用日渐成熟，卫星遥感的技术持续升级。

该书以国土空间为研究对象，以卫星遥感为主要技术手段，介绍了遥感监测、分析、评价相关的理论方法和应用实践，内容涵盖了国土空间卫星遥感监测与评价的理论方法、关键技术、应用案例等。

在理论与方法部分，该书系统介绍了国土空间监测与评价数据源、遥感信息提取、监测评价单元体系和监测与分析评价方法。全面梳理了国土空间监测分析评价涉及的卫星遥感数据、专题调查监测数据以及手机信令等国土空间新数据，总结了遥感要素分类、目标识别、关键参量定量反演以及立体测图等信息提取技术，提出了包括规则格网、不规则格网在内的国土空间监测评价单元，系统介绍了国土空间分析评价的指标体系、模型方法等。技术体系完整、内容结构清晰，能够为卫星遥感服务国土空间优化治理提供技术与方法参考。

在应用与实践部分，该书根据卫星遥感的特点和优势，精选了利用卫星遥感技术开展的不同领域、不同类型的应用案例，既有体现长时序卫星遥感技术特点的城市空间扩张监测分析，也有体现高空间分辨率卫星遥感优势的全国风力发电设施监测；既有自然资源行业典型用地指标遥感监测分析，也有交通网络、城市宜居性评价等多专题行业应用。案例类型多样、内容丰富翔实，可以为卫星遥感服务自然资源及其他行业领域提供借鉴。

该书是作者长期一线工作的技术方法和应用案例积累，是基于卫星遥感技术开展的关键技术攻关和应用成果的总结凝练，有助于读者直观了解卫星遥感的技术特点，跟踪卫星遥感应用的前沿进展，把握卫星遥感技术的发展趋势。

　　该书内容全面、结构完整、行文流畅，倾注了作者大量的心血和精力，可作为遥感、地理信息系统、测绘等相关专业人员以及研究生学习的参考书，可帮助读者理论联系实际地掌握相关专业知识。期待该书早日面世，以飨读者！

中国工程院院士

2023 年 7 月

前　言

在过去 20 年的时间里，我国陆地遥感卫星经历了从无到有、从弱到强的发展历程。"资源"系列、"高分"系列卫星的在轨数量逐年增加，分辨率和观测精度都有了跨越式提升，数据资源日益丰富，应用范围的广度和深度不断扩大，在资源调查、测绘、防灾减灾和军事侦察等领域发挥了重要作用，成为人类认识世界、理解人与自然的相互关系、维护国家安全、促进可持续发展不可或缺的技术手段。

2018 年，根据《深化党和国家机构改革方案》和《国务院关于机构设置的通知》，国务院组建自然资源部，其统一行使全民所有自然资源资产所有者职责，统一行使所有国土空间用途管制和生态保护修复职责。新组建的自然资源部国土卫星遥感应用中心，负责为自然资源调查、监测、评价、监管、执法提供卫星遥感数据、信息及产品、技术和业务支撑。

自机构改革以来，本书作者结合国家战略需求和自然资源部主责主业，积极发挥卫星遥感的技术优势，在国土空间综合监测与分析评价工作中进行了诸多探索、研究、总结，凝练了国土空间卫星遥感监测与评价的理论方法、关键技术、应用案例等内容，在推进自然资源事业高质量发展，助力社会经济可持续发展等方面发挥了重要作用。我们把过往的研究成果进行系统梳理，整理成书，既是对过去工作的总结审视，也期待抛砖引玉，以求更好地挖掘卫星遥感技术潜能，拓展应用领域，为各位同行提供借鉴和参考。

本书引言部分从国土空间政策背景与管理需求出发，梳理了新形势下国土空间和自然资源管理在空间、时间和信息等三个维度的业务需求，介绍了卫星遥感的基本概念和卫星遥感即时、客观、全面的技术特点。

正文共分两篇，上篇为理论与方法，共 4 章，各章节主要内容如下：第 2 章主要介绍国土空间监测与评价数据源，包括卫星遥感数据以及国土调查监测数据、其他行业专题资料、国土空间新数据等。重点介绍了各类数据的基本情况以及用途，并对不同数据的优势和特点进行了对比总结。第 3 章主要介绍国土空间遥感信息提取技术，包括高分辨率卫星遥感影像预处理、地表要素目标智能识别与提取、地表参数遥感定量反演以及地表三维立体信息提取等关键技术。第 4 章主要介绍了国土空间遥感监测评价单元体系，提出了国土空间遥感监测评价的规则格网和全域国土空间不规则格网体系构建方法，并介绍了多源异构数据的格网化处理技术。第 5 章介绍了国土空间遥感监测评价方法，总结了不同行业专题的国土空间遥感监测与分析内容，提出了监测评价指标体系构建方法，梳理了国土空间遥感分析评价方法模型等。

下篇为应用与实践，共 7 章，各章节主要内容如下：第 6 章介绍了全国风力发电设施遥感监测与分析应用案例。利用 2m 级高分辨率卫星遥感影像开展了全国范围的风电设施目标智能提取和动态监测，分析了风力发电设施的用地类型、设施分布与风力资源的匹配性，构建了风力发电设施潜力分析模型，评估了全国风力发电设施的建设潜力。第 7 章介绍了城市空间扩张遥感监测与综合分析应用案例。利用长时序卫星遥感监测的城区信息，分析了全国典型城市群扩张模式，并以上海市为例分析了城市扩张与人、地、产之间的关系。第 8 章介绍了城市交通网络遥感监测与分析应用案例。围绕城市交通网络专题，利用遥感提取的火车站、机场、路网等要素开展了全国主要城市多式联运、京津冀交通状况和城市内部交通服务能力等专题的分析。第 9 章介绍了城市宜居性遥感分析评价应用案例。综合应用卫星遥感数量、质量、生态一体化监测分析手段，构建了以遥感提取的各类要素、反演的参量为主要因子的城市宜居性评价指标体系，对武汉和宜宾两个城市开展了宜居性分析和评价。第 10 章介绍了典型用地控制指标遥感监测与分析应用案例。通过遥感提取的要素数据，结合人口位置大数据，分析了工业项目建设用地控制指标和高速公路服务区土地利用效率，直接支撑了用地控制指标的论证和决策。第 11 章介绍了长江经济带经济发展遥感监测与分析应用案例。以与经济发展高度相关的夜光遥感为主要数据源，分析了长江经济带近 30 年人口、地区生产总值（GDP）的时空变化，研究了长江经济带各省市经济发展与煤炭和水资源消耗的关联性，并分析了各省市经济发展的重心变化，从宏观尺度揭示了长江经济带经济发展规律。第 12 章介绍了青岛市自然资源卫星遥感监测与综合分析应用案例。以青岛市全域地表全要素变化监测成果为基础，开展了青岛市地表要素变化、重大工程进度、社会经济发展等多个专题的分析。

全书共 12 章，各章节主要编写人员分别为：第 1 章由王权、张涛、王光辉和齐建伟撰写；第 2 章由张涛和戴海伦撰写；第 3 章由王光辉、刘宇和张涛撰写；第 4 章由张涛和陆尘撰写；第 5 章由张涛、王光辉和戴海伦撰写；第 6 章由张伟和戴海伦撰写；第 7 章由王光辉、郑利娟和张涛撰写；第 8 章由戴海伦和张涛撰写；第 9 章由王光辉、戴海伦和张涛撰写；第 10 章由陆尘和艾萍撰写；第 11 章由张伟和李沛川撰写；第 12 章由王光辉、刘宇和戴海伦撰写。全书由王权、张涛、王光辉统稿。

自然资源部国土卫星遥感应用中心刘婷、耿中元、王咏昕、葛熙豪、陈鉴安等在本书相关章节的编写、资料收集整理、文本公式编辑和插图制作等方面付出了辛勤劳动，借此机会特向他们表示衷心的感谢。本书初稿形成后，梁进社教授、蒋玲梅教授、何宇华研究员等专家提出了诸多宝贵意见，在此深表谢意！

由于时间、知识所限，书中难免存在疏漏之处，还望广大读者予以批评指正。最后，期待本书能够为读者开展相关领域卫星遥感监测与分析评价工作提供借鉴与参考。

作　者

2023 年 10 月

目　　录

下篇 应用与实践

第1章 引　言

国土空间卫星遥感监测与分析评价的出发点是国土空间政策要求和管理需求，落脚点是国土空间监测监管与规划布局的业务应用。本章梳理了国土空间开发利用和保护治理相关的政策要求，总结了我国进入"十四五"新发展阶段后，国土空间和自然资源管理在空间、时间和信息等三个维度的监测监管需求，介绍了卫星遥感即时、客观、全面的技术特点。作为国土空间和自然资源监测分析的一种基础性、专题性的技术手段，卫星遥感可为国土空间开发保护和自然资源监测监管提供重要的技术支撑。

1.1　国土空间政策背景与管理需求

国土空间是指国家主权与主权权利管辖下的地域空间，是国民生存的场所和环境，也是山、水、林、田、湖、草、矿等自然资源的载体，同时还是"五级三类"国土空间规划的作用区域。它是一个复杂的地理社会空间，包括土地、水、矿产、海洋、生态、社会经济等不同客体，涉及自然环境、社会经济环境和心理文化环境（吴次芳等，2019）。按照国土空间主导功能划分，国土空间可分为生态空间、农业空间、城镇空间等。

"国土空间"概念，在 2011 年 6 月发布的《全国主体功能区规划》中被首次提出。文件指出推进形成主体功能区，就是要根据不同区域的资源环境承载能力、现有开发强度和发展潜力，统筹谋划人口分布、经济布局、国土利用和城镇化格局，确定不同区域的主体功能，并据此明确开发方向，完善开发政策，控制开发强度，规范开发秩序，逐步形成人口、经济、资源环境相协调的国土空间开发格局。

2019 年 5 月，中共中央、国务院印发的《关于建立国土空间规划体系并监督实施的若干意见》指出，国土空间规划是国家空间发展的指南、可持续发展的空间蓝图，是各类开发保护建设活动的基本依据。建立国土空间规划体系并监督实施，将主体功能区规划、土地利用规划、城乡规划等空间规划融合为统一的国土空间规划，实现"多规合一"，强化国土空间规划对各专项规划的指导约束作用，是党中央、国务院作出的重大部署。同年，中共中央办公厅、国务院办公厅印发的《关于在国土空间规划中统筹划定落实三条控制线的指导意见》，要求按照统一底图、统一标准、统一规划、统一平台要求，科学划定落实三条控制线[①]，建立健全统一的国土空间基础信息平台，实现部门信息共享，严格三条控制线监测监管。2020 年 11 月，《中共中央关于制定国民经济和社会发展第十四个五年规划和二〇三五年远景目标的建议》提出，构建国土空间开发保护新格局。立足资源环境承载能力，发挥各地比较优势，逐步形成城市化地区、农产品主产区、生态功能区三大空间格局。

为了落实中共中央、国务院关于国土空间开发保护相关政策要求，自然资源部印发了系列通知要求、实施方案和平台建设文件。2019 年 7 月，自然资源部办公厅印发《关于开展国土空间规划"一张图"建设和现状评估工作的通知》，要求依托国土空间基础信息平台，全面开展国土空间规划"一张图"建设和市县国土空间开发保护现状评估工作，并形成了《国土空间规划"一张图"建设指南（试行）》和《市县国土空间开发保护现状评估技术指南（试行）》。同年，自然资源部公布了《自然资源部信息化建设总体方案》，提出到 2020 年，基本建成与自然资源管理体制相适应的、统一融合的自然资源信息化框架体系，一批以统一平台为支撑的、贯穿四级的重要信息系统上线运行。

在国土空间规划编制方面，为了提高各级国土空间规划编制的针对性、科学性和可操作性，自然资源部按照多规合一的要求，分别于 2020 年 1 月和 9 月印发《省级国土空间规划编制指南（试行）》和《市级国土空间总体规划编制指南（试行）》，省级指南中主要内容包括总体要求、基础准备、重点管控性内容、指导性要求、规划实施保障、公众参与和社会协调、规划论证和审批等 7 部分；市级指南中主要内容包括总体要求、基础工作、主要编制内容、公众参与和多方协同以及审查要求 5 部分。由于资源环境承载能力和国土空间开发适宜性评价是编制国土空间规划、完善空间治理的基础性工作，也是优化国土空间开发保护格局、完善区域主体功能定位、划定三条控制线、确定用地用海等规划指标的重要参考，因此，自然资源部办公厅印发了《资源环境承载能力和国土空间开发适宜性评价指南（试行）》，在国土空间规划编制工作中试行。

在国土空间开发保护监测与分析评估方面，2019 年 7 月自然资源部印发的《市

---

① 三条控制线指生态保护红线、永久基本农田、城镇开发边界。

县国土空间开发保护现状评估技术指南（试行）》，从底线管控、结构效率、生活品质三个方面设计了市县国土空间开发保护现状评估 28 个基本指标，并从安全、创新、协调、绿色、开放、共享 6 个方面设计了 60 个推荐指标。2021 年 6 月，自然资源部发布的《国土空间规划城市体检评估规程》（TD/T 1063—2021）行业标准，按安全、创新、协调、绿色、开放、共享分为 6 个一级类别、23 个二级类和 122 项指标。同年 8 月，自然资源部办公厅印发《关于认真抓好〈国土空间规划城市体检评估规程〉贯彻落实工作的通知》，要求城市体检评估一是突出问题导向。把解决实际问题作为编制、实施国土空间规划的基本要求，将城市体检评估作为编制、审批和维护城市国土空间规划的重要基础工作。二是注重依法依规。落实"统一底图、统一标准、统一规划、统一平台"要求，以第三次全国国土调查成果等国土空间法定数据为基础，按照《国土空间规划城市体检评估规程》《城区范围确定规程》等统一的标准，依托国土空间基础信息平台开展城市体检评估，确保评估工作的真实性、规范性、权威性。三是建立健全规划实时监测评估预警体系。在北京、上海、重庆、南京、武汉、广州、成都、西安、大连、青岛、厦门、深圳等开展城市"实时体检评估"试点。四是完善规划定期评估、动态维护的实施监督机制。各地要将城市体检评估融入规划管理日常工作，结合实际细化、优化工作方案，充分利用"多规合一"相关资源，落实和完善"一年一体检、五年一评估"的常态化规划实施监督机制。

　　从以上政策背景来看，机构改革后，尤其是我国进入"十四五"新发展阶段后，在推进国家治理体系和治理能力现代化的关键时期，国土空间和自然资源的监测监管和分析评估在空间维度、时间维度和信息维度体现了与以往时期不同的特点，包括：

　　（1）从空间维度看，要"管好用好每一寸国土"。每一寸国土都有唯一性，为了科学规划和合理利用国土空间，在管理主体上，组建自然资源部，其统一行使全民所有自然资源资产所有者职责，统一行使所有国土空间用途管制和生态保护修复职责；从规划体系上，将主体功能区规划、土地利用规划、城乡规划等空间规划融合为统一的国土空间规划，实现"多规合一"；从落实措施上，建设国土空间规划"一张图"，按照统一底图、统一标准、统一规划、统一平台要求，科学划定落实生态保护红线、永久基本农田、城镇开发边界三条控制线。随着管理机制的不断完善和技术的不断成熟，国土空间开发利用和保护将逐步实现"地块级"和"图斑级"规划及管理。

　　（2）从时间维度看，要"早发现、早制止、严查处"。国土调查和年度变更调查是掌握国土现状底数、摸清变化的重要手段，其成果是开展自然资源开发利用管理的重要基础数据。近年来，为坚决落实最严格的耕地保护制度，维护自然资源管理秩序，自然资源部持续部署开展卫片执法工作，2019～2022年，监测工作的周期要求逐步由年度、半年度提高到了季度和月度。同时，违建别墅、大棚房整治等专项行动也对监测时间频次提出了更高的要求。随着监测监管技术能力的不断进步，自然资源的开发利用监测监管频次将逐步实现"日变化"和"准实时"。

（3）从信息维度看，要"定期全面客观评估"。国土空间规划是科学布局和利用国土的重要手段，规划"能用、适用、好用"的前提是认知国土。国土空间规划要以新发展理念为指导，突出针对性、前瞻性和实用性，不仅是"蓝图型"规划，更是面向国土空间治理、以解决实际问题为目标的规划。因此，自然资源部先后发布了《市县国土空间开发保护现状评估技术指南（试行）》和《国土空间规划城市体检评估规程》，构建了多维度指标体系，全面反映国土空间现状，并明确了"一年一体检、五年一评估"的常态化规划实施监督机制。随着基础数据和评估指标的不断完善，国土空间开发利用和保护将逐步实现"定期体检"和"全面评估"。

1.2　卫星遥感监测分析的技术特点

遥感是一种非接触的、远距离的探测技术。它是通过传感器/遥感器获取被测物体的反射、辐射或散射的电磁波信息（如电场、磁场、电磁波、地震波等信息），并进行提取、判定、加工处理、分析与应用的一门科学和技术。遥感根据传感器/遥感器设置的平台，可以分为地面遥感、航空遥感、航天遥感；按照探测的电磁波波段可以分为可见光-反射红外遥感、热红外遥感、微波遥感等。

卫星遥感属于航天遥感的一种，是将探测器搭载在人造地球卫星平台上，从太空对地表进行观测，获取地表被测物体的信息，其在测绘、国土、林业、地质、住建、水利等多个行业得到了广泛应用。其主要技术特点有即时性、客观性、全面性等。

（1）即时性。卫星一般按照固定的周期和轨道围绕地球运转，可以以一定的间隔时间获取同一区域的地表信息，如高分一号卫星轨道高度645km，覆盖周期为41d；高分二号卫星轨道高度631km，覆盖周期为69d。若采用多颗卫星组网运行的方式，可以将覆盖周期进一步缩短，如高分一号B/C/D星座由3颗卫星组成，组网运行具备15d全球覆盖、2d重访的能力；若采用多颗卫星组成虚拟星座组网运行，覆盖周期将进一步缩短，可以实现一天内多次重访。近年来，随着敏捷卫星技术的发展，可以实现卫星"随叫随到"的拍摄能力。在国土空间监测中，利用卫星遥感可以准实时地获取地物信息，实现地表信息的即时监测。

（2）客观性。卫星通过对被测物体发射或反射的电磁波信息进行处理和加工，得到被测物体的信息。遥感探测的过程不受人为干扰，信息获取的过程和结果客观真实。因此，遥感影像能够清晰反映地物的位置、大小、分布、状态等信息，使人们客观真实地掌握国土空间的开发利用与保护状况。

（3）全面性。可见光-反射红外、热红外、微波等不同波段对地物特性的敏感程度不同，可以从不同角度探测地物的物理特性和属性信息。例如，可见光可以探测地物的几何形状，热红外可以探测地物的温度，微波对地物具有一定的穿透能力，可以探测地表表层以下的信息。通过不同波段遥感信息全面反映地物的综合情况。在国土空间监测与分析中，可以利用卫星遥感实现地物要素数量、质量、生态一体化监测与评估。

通过卫星遥感的技术特点可知，卫星遥感是新形势下国土空间监测分析不可或缺的技术手段。特别是在建立国土空间规划体系并监督实施的关键阶段，遥感技术的高时空信息特点对于解决和突破国土空间监测监管中遇到的关键问题至关重要。国土空间卫星遥感监测与分析评价是从国土空间科学利用与保护的实际需要出发，以卫星遥感技术为核心，以卫星遥感地表要素、定量反演以及测绘数据为基础，以建立多尺度的规则或不规则格网为分析单元，面向不同应用支撑对象的多元化需求，遵循地理学、统计学等相关学科的理论和原理，设计分析的对象、范围、周期、主题和内容，借助合适的统计分析和数据挖掘方法，综合分析资源环境、社会经济等要素在宏观、中观和微观尺度的空间特性及关联作用，揭示它们的空间分布格局，评估它们的发展态势，形成科学有效的结论和观点，为管理决策提供依据和参考。可以说，卫星遥感是"五级三类"国土空间规划落地实施与科学监管的重要技术支撑手段。

上篇

理论与方法

　　上篇从国土空间监测与评价数据源、遥感信息提取技术、遥感监测评价单元体系和遥感监测与分析评价方法等方面介绍了国土空间卫星遥感监测与分析评价的理论与方法，其中，数据和评价单元是基础，信息提取关键技术和分析评价方法是支撑。国土空间监测与评价数据源包括卫星遥感数据、国土调查监测数据、其他行业专题资料和国土空间新数据等；遥感信息提取关键技术包括地表要素目标智能识别、地表参数遥感定量反演及地表三维立体信息提取等；国土空间遥感监测评价单元体系包括规则格网和不规则格网；遥感监测与分析评价方法包括分析评价指标体系和分析评价方法。

第 2 章 国土空间监测与评价数据源

国土空间遥感监测与分析评价的主要数据源是卫星遥感数据，辅助数据包括国土调查监测数据、其他行业专题资料以及国土空间新数据等。多源多尺度卫星遥感数据可以客观、全面、及时地获取国土空间状态并动态监测变化；国土调查监测数据提供了权威的全国国土利用现状、自然资源变化情况以及地理国情信息；其他行业专题资料主要包括业务管理数据、各类行业普查数据、监测数据和统计资料等；手机信令、互联网等国土空间新数据与人类活动密切相关，可以从不同角度反映人地关系。本章分别介绍各类数据的基本情况以及用途，并对这几类数据的特点和优势进行对比总结。

2.1 卫星遥感数据

遥感能够接收来自目标物体发射的电磁波，并精准地获取目标物体的几何、属性等信息，在国土空间遥感监测中发挥着重要作用。不同地物有不同的光谱特性，因此，不同探测方式和电磁波波段对地探测各有优势，反映的地物信息类型也有差异。根据卫星遥感数据的数据源、产品特点和应用场景的不同，本节分别介绍了全色多光谱、高光谱、热红外、雷达和夜光等卫星遥感数据。此外，测绘卫星数据也在国土空间监测中发挥着重要作用，因此单独进行了介绍。

2.1.1 全色多光谱卫星遥感数据

全色多光谱遥感影像是卫星遥感最早获取的数据类型，也是目前应用最为广泛的一类卫星遥感影像数据。全色遥感影像主要是指利用单一波段成像的遥感影像数据，其图像显示为灰度图片，一般分辨率高，可以通过几何形状和纹理结构获取地面目标物的信息。多光谱遥感是利用两个以上波段的传感器对地物进行成像的一种遥感技术，它将物体反射的电磁波信号分成若干较窄的波段，在同一时间获得同一目标或区域不同波段信息（包科迪等，2022），并可以根据不同地物的光谱特征，利用不同的波段或波段组合突出反映地表的某些信息（杨军和王筱宇，2022）。例如，近红外波段是多光谱遥感中比较常用的通道，因为植被在该波段的反射率非常高，所以可以用于监测植被。应用非常广泛的归一化植被指数（NDVI）使用的波段之一就是近红外波段。根据不同的监测应用需求还可以组合使用一个或多个波段，以突出显示某些信息。例如，多光谱遥感采用的红、绿、蓝波段组合显示的遥感影像与人眼看到的颜色一样，可以直观地显示地表的情况；采用近红外、短波红外和红波段能有效区分陆地和水体；近红外、短波红外和蓝波段组合对监测农作物更有效；短波红外、近红外和蓝波段组合可以降低森林火灾火点燃烧引起的烟雾噪声等（李树涛等，2021）。

全色多光谱卫星遥感影像数据的重要参数包括波段设置、空间分辨率和影像幅宽。全色图像一般分辨率较高，但是图像显示为灰度图片，缺少色彩信息；多光谱影像一般采用多个波段，可以合成彩色图片，但是分辨率偏低。多光谱遥感影像可以与全色影像融合使用，获得空间分辨率较高的彩色影像。因此在卫星传感器载荷设计时，多采用全色和多光谱组合的方式。目前常用全色多光谱卫星参数见附表1。

波段的数量和光谱范围决定了卫星遥感影像的色彩信息丰富程度。目前国内的多光谱卫星遥感传感器多采用蓝、绿、红、红外四个波段。将影像的第 1～3 通道分别赋予蓝、绿、红可以获得自然彩色合成图像，图像的色彩与真实地物的实际色彩一致，即真彩色合成，这适合非遥感应用专业人士进行影像判读；将影像的第 4 通道、第 3 通道和第 2 通道分别赋予红、绿、蓝，获得图像植被呈现红色，突出表现植被特征，即假彩色合成。两种波段合成方法应用较为广泛。波段越多可以有越多的波段组合，从而越能够反映更详细的地表信息。

影像的空间分辨率决定了地物信息在空间几何形状和纹理等方面的解析能力。全色卫星影像的空间分辨率大多在米级，最高可达 0.3m，如国内高景一号、高分多模卫星遥感影像空间分辨率达到了 0.5m 左右；国外 KOMPSAT-3A 卫星影像的空间分辨率达到了 0.55m，GeoEye-1 达到了 0.41m，WorldView-3 卫星影像的空间分辨率达到了 0.31m。多光谱卫星影像的空间分辨率从几米到几十米不等，国内高分多模卫星的多光谱分辨率为 2m，国外 WorldView 的多光谱影像分辨率达到了 1.24m。

影像幅宽决定了卫星对地观测的数据获取能力。一般空间分辨率越高，幅宽越小，反之，空间分辨率越低，幅宽越大。国内高分一号卫星的 WFV 宽幅相机空间分辨率为 16m，幅宽达到了 800km；国外 Landsat 9 OLI 相机全色分辨率为 15m，多光谱分辨率为 30m，幅宽为 185km。

2.1.2　高光谱卫星遥感数据

高光谱遥感是用很窄且连续的光谱通道对地物进行成像的技术，其光谱分辨率达到了纳米数量级。一般高光谱的光谱通道大多在数十甚至数百个以上，且各光谱通道是连续的。相比于多光谱而言，高光谱成像通道变多，大大降低了"同谱异物"的干扰，极大地提高了地物的分辨能力，并且可以区别属于同一种地物的不同类别（张兵，2016）。因此，高光谱遥感主要用于对植被类型、内陆水体水质、蚀变矿物和岩矿类别识别等（唐文睿等，2022；张鹏等，2022）。

高光谱传感器获取特定光谱范围内几十至几百个连续的窄波段光谱图像，能够探测到图像中每个像元的精细光谱信息，在地物目标的检测、分类、识别和分析方面优势明显。由于高光谱卫星遥感获取的是融合了光谱和空间信息的数据，在应用中主要是通过精细光谱信息进行地物识别和分析，因此其遥感影像的重要参数是光谱分辨率、光谱范围、空间分辨率和幅宽。

光谱分辨率是卫星传感器接收地物波谱时能够辨别的最小波长间隔，是表征影像地物波谱细节信息的分辨能力的指标，间隔越小，光谱分辨率越高。在一定的光谱范围内，影像波段数量越多，光谱分辨率越高。空间分辨率和幅宽与多光谱遥感影像类似，分别表征了地物信息在空间几何形状和纹理等方面的解析能力及卫星对地观测的数据获取能力。

相比于全色多光谱遥感技术，高光谱遥感的发展历史相对较短，在 20 世纪 90 年代才开始出现星载高光谱传感器。2000 年 11 月，地球观测卫星 1 号（EO-1）发射成功，搭载了 Hyperion 传感器，能够获得 356～2578nm 的光谱范围内 242 个光谱波段的图像，空间分辨率为 30m。欧洲航天局（ESA）于 2001 年 10 月发射的 PROBA 卫星搭载了紧凑式高分辨率成像分光计（compact high resolution imaging spectrometer，CHRIS）高光谱传感器，能够获得 400～1050nm 的光谱范围内 80 个波段的图像，空间分辨率达到了 17m。此外，还有印度、意大利在 2019 年发射的 HySIS（hyper spectral imaging satellite）、PRISMA 卫星，分别能够获得 400～2500nm 光谱范围内的 326 个和 237 个波段，影像的空间分辨率为 30m。上述高光谱传感器的光谱分辨率大多在 5～10nm。

我国在 2008 年发射的环境一号 A 星上搭载了高光谱成像仪，可以获得 450～950nm 光谱范围内 115 个波段的图像，空间分辨率为 100m。2017～2019 年，"珠海一号"卫星星座以"一箭多星"的方式发射，搭载的OHS高光谱传感器光谱分辨率达到2.5nm。在2018年发射的高分五号卫星上搭载的可见短波红外高光谱相机，光谱范围扩大到400～2500nm，光谱数量增加至330个，为环境监测、资源勘察、防灾减灾等提供了高质量、高可靠的高光谱数据。近几年，我国连续发射了5m光学卫星01星、02星和高分五号02星，持续获取了高光谱遥感对地观测影像数据。常用的高光谱卫星参数见附表2。

2.1.3 热红外卫星遥感数据

所有的物质，只要其温度大于绝对零度，就会不断发射红外辐射。热红外卫星遥感就是利用星载传感器接收地物热辐射信息，从而识别地物和反演地表温度、湿度和热惯量等参数的技术（张仁华，1999）。与可见光不同，热红外遥感记录的是地物的热辐射信息，可以简单地理解为地物温度的分布图像。因此，热红外遥感主要用于地表温度反演、城市热岛效应监测、林火监测、旱灾监测、地热监测等领域（王平，2022；王磊，2022）。

热红外卫星遥感数据的重要参数包括波段数量、光谱范围和空间分辨率。在卫星遥感观测的地表热辐射的传输过程中，受大气影响，热辐射能通过的波段窗口主要是3～5μm和8～14μm。因此，多数热红外卫星遥感传感器的光谱范围都设置在这两个窗口范围内，波段数量也设置1～3个不等。通常情况下，热红外遥感的空间分辨率在几十米甚至百米左右。

1979年美国发射的NOAA6卫星搭载了AVHRR传感器，可以获取两个相邻的热红外通道（10.3～11.3μm和11.5～12.5μm）的观测数据，影像空间分辨率为1.1km，幅宽为2800km，影像获取能力强，可以高频次观测地表信息。1995年ESA发射的ERS-2卫星（European remote sensing satellite-2），搭载了多角度传感器ASTR-2（along-track scanning radiometer-2），ASTR-2虽然波段设置与AVHRR类似，但是它有两个观测角度（0°和55°）。1999年12月，美国发射了TERRA卫星，该卫星搭载了ASTER（advanced spaceborne thermal emission and reflection radiometer）传感器，空间分辨率提高到90m，设计了5个热红外波段，大幅度提高了地表温度反演的应用能力。此外，比较有代表性的卫星为Landsat系列，从1972年Landsat计划实施以来，TM和ETM载荷能够获取10.4～12.5μm热红外波段的影像数据，空间分辨率分别为120m和60m。搭载在Landsat 8和Landsat 9卫星上的TIRS传感器，空间分辨率为100m。Landsat系列卫星能够持续获取长时序的地表热辐射测量数据，空间分辨率也较高，因此在诸多科学研究中应用广泛。

2003 年我国发射 CBERS-02 星，其上搭载了热红外波段传感器，波段范围为 10.4～12.5μm，空间分辨率为 156m。2008 年，环境一号 B 星上搭载了一台红外相机，有一个热红外波段（10.5～12.5μm），空间分辨率为 300m。2021 年最新发射的可持续发展科学卫星 1 号和 5m 光学卫星 02 星都搭载了热红外遥感载荷，其中 5m 光学卫星 02 星的热红外遥感影像的分辨率提高到了 16m，是目前民用热红外遥感影像中空间分辨率最高的卫星影像数据。常用的热红外卫星参数见附表 3。

2.1.4　雷达卫星遥感数据

微波是指波长为 1mm～1m（即频率为 300MHz～300GHz）的电磁波，波长是可见光红外波长的 250 万倍。微波遥感按照接收到回波信号的来源分为主动式和被动式。雷达遥感就属于主动式微波遥感。雷达遥感通过发射一定频率的电磁波，通过测量目标在不同频率、不同极化条件下的后向散射特性、多普勒效应等来反演目标的物理特性（介电常数、湿度）以及几何特性（目标大小、形状、结构）等（李振洪等，2019）。

雷达的成像原理与多光谱、高光谱等遥感手段不同，其特点是主动发射波长更长的电磁波，不依赖于太阳光照及气候条件，具有全天时全天候成像能力，对云雾、植被等具有一定的穿透性（黎夏等，2006）。干涉雷达测量技术能够实现地形地貌的测量与变化监测，生成数字高程模型和进行地表形变监测；利用雷达回波的强度信息还可以实现地物识别、生物量反演、森林结构参数估计等目标。一般雷达卫星都具备不同的观测模式，观测数据分辨率从米级到百米级不等。

最早的雷达卫星遥感主要用于军事侦察，从 20 世纪 90 年代起，各国相继发射了系列星载雷达，如加拿大的 RadarSat、日本的 ALOS-PALSAR、德国的 TerraSAR 等，星载雷达大多具备多种观测模式，聚束模式下空间分辨率最高可达 1m。

我国 2012 年发射了环境一号 C 星，这是我国首颗 S 波段合成孔径雷达卫星，具备条带和扫描两种工作模式，成像幅宽分别为 40km 和 100km，单视模式空间分辨率可达 5m，距离向分辨率为 20m。2016 年我国发射了高分三号卫星，该卫星工作波段为 C 波段，具备滑动聚束、条带成像模式、扫描成像模式和波成像模式，最高分辨率可达 1m。2022 年 1 月和 2 月发射的 L 波段差分干涉 SAR 卫星采用双星编队飞行，具备双星绕飞与双星跟飞两种模式，利用干涉测高和差分形变测量技术，实现高精度、全天时、全天候地形测量、地表形变和地质灾害监测等任务，空间分辨率最高可达 3m。常用雷达卫星参数见附表 4。

2.1.5　夜光卫星遥感数据

夜光卫星遥感数据是利用卫星平台在夜间无云条件下获取的地球可见光影像。相比于其他遥感方式，由于夜间灯光影像记录的是灯光强度信息，夜光遥感反映的信号与人类活动密切相关，能够直接用于揭示地表人类活动规律，因此，夜光遥感成为国土空间人类活动遥感监测的重要手段之一（于丙辰等，2018；李德仁等，2015，2017）。一般夜光遥感影像的空间分辨率在百米级到千米级。

最早在 20 世纪 60 年代美国发射的第一颗夜光遥感卫星，主要用于监测地面目标灯光的强弱。2018 年我国发射了首颗专业夜光卫星，2021 年可持续发展科学卫星 1 号上也搭载了测量城市微光的传感器。夜光遥感可以结合人类活动规律反映国土空间的宏观利用和变化情况。常用夜光卫星参数见附表 5。

2.1.6　测绘卫星数据

测绘卫星一般是指能够用于制作测绘产品的、满足测绘精度要求的卫星，其主要特征是几何精度（包括平面精度、高程精度和重力测量精度）高（李德仁，2012）。根据工作方式不同，测绘卫星可以分为光学测图卫星、干涉雷达卫星、激光测高卫星、重力卫星等。光学测图卫星和干涉雷达卫星主要用于多种比例尺地形图的测制，其中，立体测图卫星能够通过两个相机从相距一定距离的两点对同一目标进行摄影，产生重叠图像，从而提取高程信息，是获取数字表面模型、测量地物高度的重要手段之一（芮杰，2017）；激光测高卫星主要用于获取地表高程信息，还可以用于林业树高参数提取、冰盖监测等；重力卫星主要用于反演地球重力场，提高高程基准精度，也可以用于监测全球冰川消融、海平面变化、地下水储量变化等。

2012 年我国发射了首颗民用高分辨率立体测绘卫星——资源三号 01 星，其数据可以满足 1∶5 万比例尺地形图测图的应用要求。2016 年和 2020 年分别发射了资源三号 02 星和 03 星，形成了立体测绘卫星星座，重访周期从 3d 缩短至 1d。2019 年 11 月，高分七号卫星的发射，实现了 1∶1 万比例尺立体测图能力。资源三号 02 星、03 星和高分七号卫星搭载了激光测高仪，能够获取激光高程控制点数据。常用测绘卫星参数见附表 6。

2.2　国土调查监测数据

调查监测是在统一的地表调查分类标准框架下，以空间信息、人工智能、大数据等技术为支撑，调查我国土地、矿产、森林、草原、水、湿地、海域海岛等地表要素状况（毛娟娟等，2021；徐锋和孙婷婷，2021）。本节主要介绍国土（土地）调查和地理国情监测两类数据。

2.2.1　国土调查数据

国土（土地）调查是国务院统一部署开展的一项重大的国情国力调查。根据2008 年国务院颁布的《土地调查条例》要求，每 10 年进行一次全国土地调查。土地调查是以县级行政辖区为基本调查单位，形成县级成果以及市级、省级、国家级汇总成果。

截至 2022 年，我国共进行了三次全国土地调查。第一次全国土地调查于 1984年 5 月开始，1997 年年底结束。调查的总体要求是全面查清我国土地的类型、数量、质量、分布、利用状况并作出科学评价。第二次全国土地调查于 2007 年 7月 1 日启动，标准时点为 2009 年 12 月 31 日，其目的是全面查清我国土地利用状况，掌握真实的土地基础数据，建立和完善土地调查、统计和登记制度，实现土地资源信息的社会化服务，满足经济社会发展及国土资源管理的需要。第二次全国土地调查首次采用统一的土地利用分类国家标准，其中一级类 12 个、二级类57 个。2013 年 12 月，国务院第二次全国土地调查领导小组办公室、国土资源部、国家统计局发布了《关于第二次全国土地调查主要数据成果的公报》。

第三次全国国土调查（原称为第三次全国土地调查）自 2017 年启动，并以2019 年 12 月 31 日为标准时点，其目的是在第二次全国土地调查成果的基础上，全面细化和完善全国土地利用基础数据，掌握翔实准确的全国国土利用现状和国土资源变化情况，进一步完善国土调查、监测和统计制度，实现成果信息化管理与共享，满足生态文明建设、空间规划编制、供给侧结构性改革、宏观调控、自然资源管理体制改革和统一确权登记、国土空间用途管制、国土空间生态修复、空间治理能力现代化和国土空间规划体系建设等各项工作的需要，其主要任务为土地利用现状调查、土地权属调查、专项用地调查与评价和国土调查数据库建设。土地分类将第二次全国土地调查中的个别地类进行调整和归并，并结合最新实际情况增加新的工作分类，包括一级类 13 个、二级类 55 个。2021 年 8 月，国务院第三次全国国土调查领导小组办公室、自然资源部、国家统计局发布了《第三次全国国土调查主要数据公报》。

年度全国国土变更调查是在前一年度国土变更调查的基础上，逐级更新该年度县、市、省和国家四级国土调查数据库，形成全国国土变更调查成果，以全面掌握该年度全国土地利用变化情况。调查以年度为周期，并以每年 12 月 31 日为标准时点。土地分类与第三次全国国土调查相同。

2.2.2　地理国情监测数据

全国地理国情普查是国务院统一部署开展的一项重大国情国力调查，目的是全面获取地理国情信息，查清地表自然、生态以及人类活动基本情况。开展全国地理国情普查，系统掌握权威、客观、准确的地理国情信息，是制定和实施国家发展战略与规划、优化国土空间开发格局和各类资源配置的重要依据，是推进生态环境保护、建设资源节约型和环境友好型社会的重要支撑，是做好防灾减灾工作和应急保障服务的重要保障，也是相关行业开展调查统计工作的重要数据基础（徐锋等，2022；曹伏天和刘朝功，2022）。

第一次全国地理国情普查于 2013 年 2 月正式启动，并以 2015 年 6 月 30 日为标准时点，其目的是查清我国自然和人文地理要素的现状和空间分布情况，为开展常态化地理国情监测奠定基础，以满足经济社会发展和生态文明建设的需要，并提高地理国情信息对政府、企业和公众的服务能力。普查对象为我国陆地国土范围内的地表自然和人文地理要素。普查内容一是自然地理要素的基本情况，包括地形地貌、植被覆盖、水域、荒漠与裸露地等的类别、位置、范围、面积等地理信息及其空间分布状况；二是人文地理要素的基本情况，包括与人类活动密切相关的交通网络、居民地与设施、地理单元等的类别、位置、范围等地理信息及其空间分布现状。

普查是以县级行政辖区为基本单位，形成县级成果，最终汇总为国家级成果。坐标系统、投影方式和高程基准分别采用 2000 国家大地坐标系、高斯-克吕格投影和 1985 国家高程基准。普查中的地表覆盖分类包括 10 个一级类和 46 个二级类。2017 年 4 月，国家测绘地理信息局、国土资源部、国家统计局、国务院第一次全国地理国情普查领导小组办公室发布了《第一次全国地理国情普查公报》。

2.3　其他行业专题资料

行业专题资料主要指在国土空间分析评估中可能用到的自然资源、生态环境、住建、交通、水利、农业农村、气象、统计等行业在业务管理过程中形成的各类空间的或非空间的数据资料。专题资料可以分为业务管理数据、普查数据、统计数据和站点观测数据四类。

2.3.1　业务管理数据

业务管理数据主要是指各委办局对行业进行管理过程中形成的各类空间数据、文本资料等。该类数据的专业性、规范性和权威性较强。近年来政府的信息公开程度和信息化水平越来越高，公开数据都以数据服务、公报或开放平台的方式共享发布，如民政部的民政数据、自然资源部数据服务、生态环境部的环境质量数据、交通运输部的交通智数、水利部的数据服务、农业农村部数据信息发布、应急管理部的统计数据公开等。

2.3.2　各类普查和统计数据

普查一般是国家或者地区为系统、详细地调查某项重要的国情、国力，专门组织的规模性的全面调查。普查涉及面广、调查的指标和内容多，工作量大。我国在人口、国土、水利、农业、土壤、自然灾害等方面均组织过全国性的普查工作，发布了相应的数据公报，获取了大量可靠权威的专业数据（表 2-1）。

表 2-1　全国各类普查工作概况

序号	普查名称	标准时点（时间周期）	普查内容
1	第三次全国土壤普查	2022～2025 年	土壤性状、土壤类型、土壤立地条件、土壤利用情况、土壤数据库和土壤样品库构建、土壤质量状况分析、普查成果汇交汇总等
2	第七次全国人口普查	2020 年 11 月 1 日 0 时	人口和住户的基本情况，包括姓名、居民身份证号码、性别、年龄、民族、受教育程度、行业、职业、迁移流动、婚姻生育、死亡、住房情况等

序号	普查名称	标准时点（时间周期）	普查内容
3	第一次全国水利普查	2011 年 12 月 31 日	江河湖泊基本情况、水土资源开发利用情况、水利基础设施建设和运行状况
4	第二次全国污染源普查	2017 年 12 月 31 日	工业污染源，农业污染源，生活污染源，集中式污染治理设施，移动源及其他产生、排放污染物的设施
5	第三次全国农业普查	2016 年 12 月 31 日	农业生产条件、农业生产经营活动、农业土地利用、农村劳动力及就业、农村基础设施、农村社会服务、农民生活，以及乡镇、村民委员会和社区环境等情况
6	第三次全国经济普查	2013 年 12 月 31 日	单位基本属性、从业人员、财务状况、生产经营情况、生产能力、原材料和能源及主要资源消耗、科技活动情况
7	第一次全国自然灾害综合风险普查	2020 年 12 月 31 日	主要自然灾害致灾调查与评估，人口、房屋、基础设施、公共服务系统、三次产业、资源和环境等承灾体调查与评估，历史灾害调查与评估，综合减灾资源（能力）调查与评估，重点隐患调查与评估，主要灾害风险评估与区划以及灾害综合风险评估与区划

除了专项普查工作外，国家统计局以及各委办局定期开展行业相关指标的统计工作，并编制形成年鉴、公报等资料。如每年发布的《中国统计年鉴》，包括了人口、国民经济、就业工资、价格、人民生活、财政、资源环境、能源、固定资产投资、对外经济贸易、各行业、港澳台等相关的指标。其他专题的统计资料包括《中国钢铁工业年鉴》《中国环境统计年鉴》《中国城乡建设统计年鉴》等。

2.3.3　站点观测数据

站点观测数据是指利用专业仪器对观测对象的某些专题指标进行定点测量获得的数据。通常情况下，站点观测数据设置的观测点位相对固定，监测频次高、持续观测时间长。常用的站点观测数据如气象站点、水文站点、空气质量站点的观测数据等。部分站点观测数据已经公开共享，如水文站点的观测数据在国家地表水水质自动监测实时数据发布系统查询；全国城市空气质量监测数据也可以在空气质量预报信息发布系统获取；气象站点的观测数据以及气象数据产品可以在国家气象科学数据中心获取。

2.4　国土空间新数据

随着大数据和智能化时代的来临，除了传统遥感、测绘等地理空间数据外，出现了如手机信令、网络地图兴趣点（point of interest，POI）、互联网线上点评等与人类活动直接相关的新型数据类型。与传统地理空间数据相比，这些新数据具有类别多、来源广、更新快等特点，可以从不同角度反映国土空间的人地关系，也可以与传统地理空间数据融合使用，挖掘更多国土空间的变化规律（张能恭等，2021）。下面列举几类国土空间新数据。

2.4.1　手机信令数据

手机信令数据通过手机用户在基站之间的开关机、通话、短信等信息来确定用户的空间位置，并可以记录用户的通话频率和时长，体现用户相互之间的联系。数据的空间精度取决于基站的密度，一般发达城市基站密集区能够达到 100m，农村基站较少，位置精度可能降低到 500m 甚至 1km 以上。

2.4.2　位置数据

位置数据记录的是使用定位终端的用户的空间位置信息。例如，智能手机或者 App 的定位数据，可以反映人口数量和空间分布，从而形成人口热力图，反映人群集中区域的空间分布；终端位置的变化，可以体现出租车、公交车、共享单车等设施的位置和运营情况。在定位精度方面，导航卫星位置定位数据比使用基站定位的人口信令数据高，其定位精度可达 10m 左右。

2.4.3　互联网地图服务数据

互联网地图服务数据包括 POI、道路、街景图片等，其中，POI 是互联网地图服务的重要内容，包含了政府部门、商业机构、旅游景点、交通设施等的空间位置信息，这些数据的类型、位置、属性等信息对于分析区域产业布局、城市活力等具有重要的应用价值。多个互联网地图服务公司提供 POI 获取的应用程序编程接口（API）。道路包含了车道、限速等信息，是传统调查获取的道路信息的重要补充。街景图片能够客观反映道路两侧的实景，一般会覆盖城市公共道路两侧区域。街景图片数据为城市公共空间的调查和研究提供了丰富的照片资料，借助智能识别提取技术，可以提取感兴趣要素，获得城市内部的公共空间信息。

2.4.4　互联网签到和用户画像数据

随着智能手机和移动 App 的普及，运营商可以获取用户的基本信息、签到时间、内容偏好、交易记录等信息，进行用户画像，并采用大数据分析的技术方法定向精准地为用户推送感兴趣的内容。这些数据为分析用户的活动规律、区间联系网络、商业活力区域等提供了第一手资料。

2.5　不同数据源的特点

面向特定专题需求的国土空间遥感监测与分析评价一般需要综合使用多种类型的数据。卫星遥感数据、国土调查监测数据、其他行业专题资料以及国土空间新数据等各类数据都有各自的优势和不足，各类数据的特点如表 2-2 所示。

表 2-2　各类数据的特点

数据类型	优势	不足
卫星遥感数据	数据时序长，可追溯历史状态；高分辨率光学影像空间分辨率高，对特定目标和要素的识别能力强；获取频次与卫星数据的获取能力相关，高分辨率光学卫星组网运行一般能够实现全国大部分区域月度覆盖；数据客观全面，多种遥感手段可以实现地物要素数量、质量、生态一体化的信息提取与反演	遥感影像数据前期需要进行大量处理工作才可以用于要素的识别提取，且识别提取精度和效率取决于识别提取的算法和技术水平；定量指标的反演精度和效率也高度依赖反演算法的可靠性
国土调查监测数据	一般是大范围，数据采集标准统一、周期相对固定，要素的覆盖面广且包含属性信息，要素监测数据的延续性较强	更新周期一般以年度为主，数据时效性略低；对于精细尺度的目标调查成本较高，很难获取地物质量和生态信息
其他行业专题资料	专题性强、权威性高	数据类型单一，部分数据是统计图表形式，缺少空间信息
站点观测数据	观测的时序长，频次高；观测数据的精度较高	观测值一般只能代表观测点或者截面的信息，很难推演获取面尺度的信息
国土空间新数据	数据信息类型丰富、具有高时间分辨率和高空间分辨率的特点，一般与人类活动直接相关	数据复杂多样、精度不一，清洗处理难度大，目前没有统一的处理标准

第3章 国土空间遥感信息提取技术

遥感信息提取主要指从大量的、多时相、多传感器的遥感影像数据中提取对用户有用的地表要素信息，并将其形成结构化的数据的过程。本章介绍的遥感提取的信息主要包括三类：一是利用遥感手段获得地物"是什么"的信息，也就是地表覆盖单要素或目标的提取以及地表覆盖全要素分类结果，如水域、道路、房屋建筑等；二是利用遥感传感器获取的地物光谱信息得到地表变量"有多少"的信息，也就是国土空间关键参量遥感定量反演结果，如地表温度、土壤水分、植被含水量等；三是地表三维立体信息，主要基于立体测图卫星数据利用摄影测量原理获取的地表三维地形信息。

3.1 地表要素目标智能识别

我国地形复杂、地貌多样，地理环境的差异导致了自然地物的类型多样。自然地物的复杂性反映到卫星遥感影像数据上给地物的解译和提取带来诸多挑战。同谱异物和同物异谱问题普遍存在。因此，自遥感技术发展以来，地表要素的卫星遥感信息提取一直是研究的热点和持续攻关的关键技术（舒弥和杜世宏，2022）。

早期地表要素分类算法主要是基于像素的遥感图像分类、面向对象的遥感图像分类以及决策树等智能分类方法。随着计算机和人工智能技术的发展，出现了基于深度学习、机器学习的遥感信息提取技术（龚瑞昆等，2022；张凯和于航，2022）。相比于传统基于像素的或者面向对象的分类方法，基于深度学习或机器学习的方法克服了对像素的光谱或纹理等单一或有限特征的依赖，能够深度挖掘地表要素和目标在卫星遥感影像上的特征，形成要素和目标信息提取的知识，进行分类提取。本节主要介绍基于深度学习的高分辨率光学卫星遥感影像要素和目标识别与提取方法。

3.1.1　基本流程

基于深度学习的卫星遥感地表要素分类和目标识别，主要的技术流程包括卫星遥感影像处理、解译样本采集、深度学习模型构建、目标识别、要素分类以及变化检测等，如图 3-1 所示。

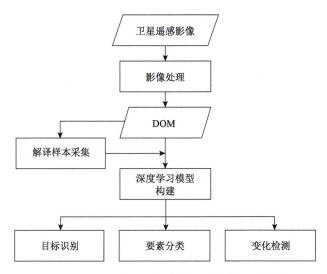

图 3-1　地表要素和目标智能识别与提取流程图

DOM 表示数字正射影像（digital orthophoto map）

3.1.2　高分辨率遥感影像预处理

高分辨率光学卫星遥感影像的通用处理过程主要包括影像正射纠正、影像配准、影像融合、镶嵌与裁切等流程，如图 3-2 所示。

1. 影像准备

影像准备阶段主要考虑高分辨率卫星遥感影像的参数、覆盖能力以及影像质量。其中，遥感影像的参数主要考虑影像的观测角度、空间分辨率、过境时相等；影像覆盖要满足研究区的覆盖率要求；影像质量主要包括几何质量和辐射质量，一般要求影像云量小于 20%，几何纹理清晰，色调均匀，亮度、色彩反差适中，无影像缺失、几何扭曲等质量问题，多光谱影像的光谱信息丰富，地物边界清晰明确，能准确反映地表要素特征等。

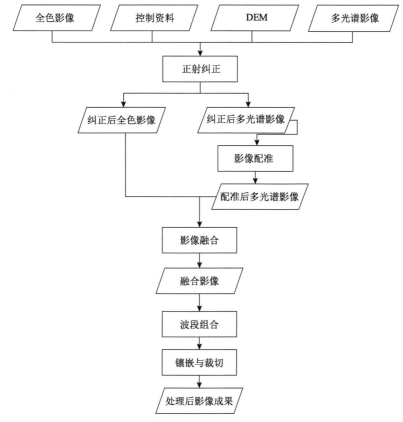

图 3-2　高分辨率遥感影像通用处理流程图

DEM 表示数字高程模型（digital elevation model）

2. 正射纠正

采用控制资料（如基准影像参考底图）和 DEM，选取待纠正影像和基准影像参考底图上均存在的同名明显特征地物点为控制点。控制点点位一般相对固定，并位于清晰、易于判别的地物上，如道路交叉点、线状地物拐点或固定的点状地物上。避免在高层建构筑物或河流、沙丘等易变化地物上选点。控制点在纠正影像范围内应尽量均匀分布，山地、高山地受侧视角等因素的影响，控制点的数量应根据实际情况适当增加。控制点采集位置如图 3-3 所示。

根据数据获取情况，正射纠正方法可以采用单景纠正、单轨纠正或区域纠正。区域纠正可以减少控制点的数量，提高相邻影像的接边精度，同时大幅度提高纠正效率，所以一般优先选择区域纠正的方式进行正射纠正处理。

(a) 线状地物交点   (b) 地物角点、固定点

图 3-3   控制点采集位置

3. 影像配准

影像配准是全色影像和多光谱影像融合的基础。以纠正后全色数据和 DEM 为基础,选取待配准影像和全色数据上特征明显的同名地物点为配准控制点。控制点在纠正单元内均匀分布,山地应适当增加控制点,将多光谱影像与全色影像的空间位置配准。

4. 影像融合

影像融合的目的是在获取空间分辨率影像的同时,增强色彩特征的显示能力,从而提高要素提取与目标识别能力。根据研究区情况和数据源类型的不同可以选择不同数据源融合方法。在遥感影像处理过程中,通常采用的融合方法主要包括改进 IHS 变换、主成分变换、线性加权乘积、Brovey 变换、小波变换、高通滤波、PANSHARP 融合等(周佳玮等,2022)。

5. 镶嵌与裁切

为了实现视觉上无缝接边的效果,需在相邻数据重叠区域内选择线状地物或地块边界等明显分界线作为镶嵌线,再对镶嵌线两侧影像进行裁切。镶嵌时应尽可能保留云量少、质量好的影像。时相相同或相近的镶嵌影像纹理、色彩自然过渡;时相差距大、地物特征差异明显的镶嵌影像,允许存在光谱差异,但同一地块内光谱特征应尽量一致。镶嵌完成后,根据研究区范围对镶嵌的影像进行裁切形成最终影像处理成果。影像镶嵌示意图如图 3-4 所示。

(a) 镶嵌前影像　　　　　　　　(b) 影像镶嵌线　　　　　　　　(c) 镶嵌后影像

图 3-4　影像镶嵌示意图

3.1.3　解译样本采集

足量可靠的遥感影像解译样本是实现地表目标要素智能识别分类的重要基础。目前，随着深度学习技术的进步，国内外公开了多种类型的遥感解译样本数据集。这些样本数据集根据应用场景可以分为四类，包括地表覆盖分类样本、目标检测样本、场景识别样本和变化检测样本（龚健雅等，2021）。

1. 地表覆盖分类样本

1）地表覆盖分类样本分类

地表覆盖分类样本的采集首先要建立样本集的分类体系。目前国际上常用的是联合国粮食及农业组织提出的《地表覆盖分类体系》（Land Cover Classification System，LCCS）。由于样本采集工作量较大，为了尽量减少人工采集解译样本的工作量，可以充分应用已有的地类调查成果，在对应的遥感影像数据上进行样本的自动采集或半自动采集，分类体系也应与地类调查成果相对应。同时，考虑多源卫星遥感影像上地物要素的可识别性，将不可区分的类别合并，将非常重要的类别进一步划分，形成适于遥感影像处理的分类体系。

2）地表覆盖分类样本分区

我国地形地貌和气候特征多样，相同的地表覆盖类型在不同区域的几何纹理、辐射特征差异较大。图 3-5 显示了我国不同区域水体的影像特征，纹理和色彩均差异较大，这极大增加了智能解译提取的难度，因此需要考虑分区采集解译样本。

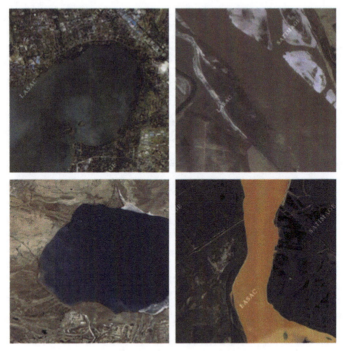

图 3-5　不同区域水体的影像特征

　　由于地物特征及空间分布受气候、地形及人类活动等的影响，北方建筑区、耕地等比较规整，整个区域地类图斑较大，而南方地区地物相对破碎，各种地类间杂分布；中东部区域以耕地为主，中南部地区山地较多，而西北部区域则为大片的荒漠、戈壁等。参考中国人口密度分布图、中国农业分布图、中国地形图及中国地理区划划分图等，将全国概略分为 14 个区（图 3-6）。实际作业中对地表覆盖分类样本分区时，需要按照不同地表覆盖类型特点和影响因素进行个性化分区采集，如耕地与气候、地形和种植结构相关，林草与气候和地形相关，建筑类型与地形和人口密度相关等。

　　3）地表覆盖分类样本示例

　　深度学习技术中对地表覆盖的分类主要采用的是语义分割技术。语义分割是在像素级水平上对图像的理解，为每一个像素标定特定的类别，同时划定目标边界，因此其与传统意义上遥感图像分类一致。综合多类深度学习网络结构及经验值，地表覆盖样本规格一般建议为 512 像素×512 像素（可根据需要，向下采样生成多尺寸样本），要求对应的地表覆盖矢量与影像在空间位置上一致，因此需要将地表覆盖矢量栅格化为 512 像素×512 像素的标签图，像素值代表像素所属类别，其中 0 为背景，其他为地表覆盖要素标签。地表覆盖样本示例如图 3-7 所示，为直观查看，标签图进行了彩色渲染。

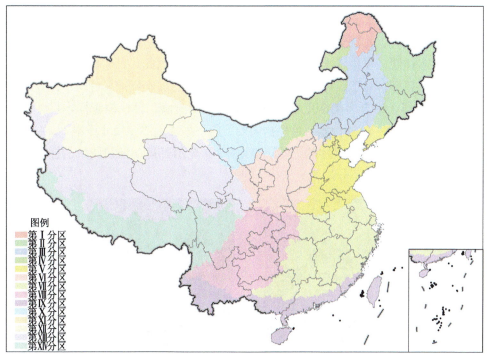

图 3-6　全国样本概略分区图

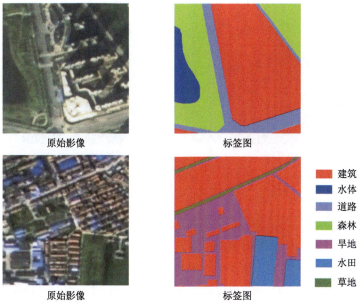

图 3-7　地表覆盖样本示例图

2. 目标检测样本

目标检测是对遥感影像上有明显特征的重点关注地物（如运动场、飞机、舰船、车辆、风机、光伏等）进行识别提取的过程。遥感影像上的目标复杂多样，具有尺度多样性、视角特殊性、背景复杂性等特点。因此，目标检测样本采集应包含完整的目标，对于成片目标分开标注，同时注意样本影像尺寸适中以及正负样本比例均衡。综合多类深度学习网络结构及经验值，目标检测样本尺寸一般建议为 1024 像素×1024 像素（可根据需要，向下采样生成多尺寸样本），对应的目标矢量栅格化为同样尺寸的标签影像。图 3-8 显示了运动场和风机的样本采集示例。

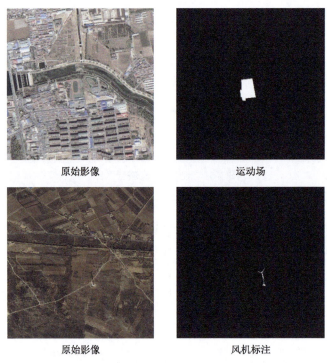

原始影像 　　　　运动场

原始影像 　　　　风机标注

图 3-8　目标检测样本示例图

3. 场景识别样本

场景识别样本是指遥感影像上由特定目标和地表覆盖组合的地表利用类型，如由运动场、建筑物组合成的学校，由冷却塔、工业厂房等地物组合成的钢铁厂，由沙坑、草地、水塘、树木等组成的高尔夫球场，由规则高层建筑排列组成的居住小区，由不规则低矮房屋组成的农村或城中村等。

4. 变化检测样本

变化检测样本是同一地理位置的多时相变化信息，采集时需要前后两个时相的影像。根据应用目的，变化检测样本可以分为两类：一类是通用变化检测样本，即只关注变化本身，不关注变化类别信息，也不需要确定由什么类别变化为什么类别；二是特定变化检测样本，变化检测具有特定类别指向性，如由草地变为裸地、由裸地变为建筑物等。变化检测样本要求尽可能全面地覆盖各种变化类型，综合多类深度学习网络结构及经验值，样本规格一般建议为 512 像素×512 像素（可根据需要，向下采样生成多尺寸样本）。变化检测样本示例如图 3-9 所示。

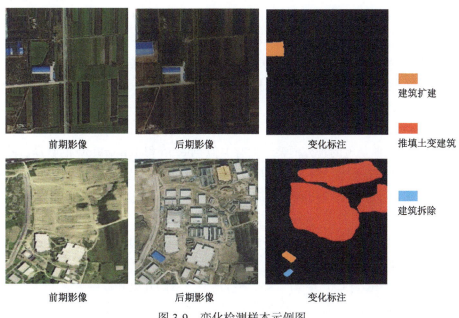

图 3-9　变化检测样本示例图

3.1.4　地表要素和目标智能识别与提取模型

近年来，随着深度学习技术的爆炸式发展，相关理论方法有了很大的进步。当前遥感领域的要素识别和提取的深度学习算法以卷积神经网络（convolutional neural network，CNN）为基础来构建特征抽取部分以及分类或者识别的预测部分。本节主要描述深度学习框架、卷积神经网络常见组件和网络模型。

1. 深度学习框架

目前比较常用的深度学习框架包括 Theano、TensorFlow、MXNet、CAFFE 和

PyTorch 等。

1）Theano

Theano 是一个 Python 库，于 2008 年诞生于蒙特利尔理工学院，可以用于定义、优化和计算数学表达式，特别是多维数组（孙园钦，2017）。它是为深度学习中处理大型神经网络算法所需的计算而专门设计的，是这类库的首创之一，被认为是深度学习研究和开发的行业标准。

2）TensorFlow

TensorFlow 是 Google Brain 团队基于 Google 在 2011 年开发的深度学习基础架构 DistBelief 构建的，是一款使用 C++语言开发的开源数学计算软件，使用数据流图（data flow graph）的形式进行计算。Google 在其所有的应用程序中都使用 TensorFlow 实现机器学习（涂铭和金智勇，2021）。TensorFlow 的架构灵活，可以部署在一个或多个中央处理器（CPU）、图形处理器（GPU）的台式机及服务器中，或者使用单一的 API 应用在移动设备中。TensorFlow 开源之后几乎在各个领域适用（廖星宇，2017）。

3）MXNet

MXNet 是亚马逊的官方框架，拥有类似 Theano 和 TensorFlow 的数据流图，对分布式模式支持较好，性能特别好，占用显存低（廖星宇，2017）。同时其开发的语言接口不仅仅有 Python 和 C++，还有 R、Matlab、Scala、JavaScript 等。但是 MXNet 的推广力度不够，接口文档和教程不完善，官方 API 文档更新不及时，导致使用的人不多，不适合新手入门（涂铭和金智勇，2021）。

4）CAFFE

CAFFE 是基于 C++编写的深度学习框架，源码开放并提供了命令行工具和 Matlab、Python 接口，是流行的深度学习框架之一（涂铭和金智勇，2021）。其缺点是不够灵活，同时内存占用高，CAFFE 的升级版本 CAFFE2 已经开源了，修复了一些问题，同时工程水平得到了进一步提高，为我们提供了更多的应用选择（廖星宇，2017）。

5）PyTorch

PyTorch 是一个 Python 优先的深度学习框架，能够在强大的 GPU 加速基础上实现张量和动态神经网络（廖星宇，2017）。相比于 TensorFlow，PyTorch 的优点是它的图是动态的，利于扩展。

2. 卷积神经网络常见组件

卷积神经网络是一种深度前馈神经网络（周飞燕等，2017），目前广泛应用于图形分类、检索、目标检测、目标分割等图像识别领域。

1）卷积层

卷积层是卷积神经网络的主要构建模块。一个卷积层由若干个带有可学习参数的卷积核（神经元）组成。根据权值共享理论，图像的底层特征与所在位置无关，即在某一局部学习到的特征可以用于其他局部的特征提取。因此，卷积层利用固定权重的卷积核通过滑动的方式对输入图片的局部区域做内积运算产生局部特征，这种方式称为局部连接（local connectivity）。每个卷积核的大小被称为感受野（receptive field），表示输出的特征图上每个像素点在上一层对应的区域大小。

2）池化层

池化层一般用于卷积操作输出的特征图在空间维度的下采样。常用的池化操作有最大池化（max-pooling）和平均池化（average-pooling）两种。池化层的作用是利用统计方式对数据进行降维，减少冗余信息，保留最具有尺度不变的特征。经过池化层的采样，虽然降低了空间分辨率，但池化后的区域对应原始图像上的范围更大，增大了卷积神经网络的感受野，提高了网络提取特征的稳健性。池化层不额外引入训练参数，只减小特征图的大小。

3）激活层

卷积层对于特征的提取过程是线性的加权求和，多个卷积层的叠加属于线性变换。为了增强提取特征的表达能力，需要利用非线性激活函数对卷积层的输出进行非线性映射，通过卷积层和激活层的交替使用，增加神经网络的非线性特性使得模型有足够的能力来逼近任意函数。卷积神经网络中普遍采用的激活函数如Sigmoid 函数、Tanh 函数，线性整流函数如 ReLU 等。

4）标准化层

卷积神经网络训练过程中，网络中的参数通过梯度下降和反向传播不停更新，网络中层与层之间存在高度的关联性与耦合性。底层网络参数产生的微弱变化，经过层层线性变换与非线性激活进行传递，在网络深处会逐层放大，导致每一层的输入分布发生改变，深层网络需要不停地去适应这些分布变化。另外，由于激活函数的饱和性，每一层输出特征的分布会逐渐逼近激活函数的上下两端，使得训练过程中容易陷入梯度饱和区，梯度变得很小甚至接近于 0，导致模型训练变得困难。上述现象被称为内部协变量偏移（internal covariate shift）。为了解决这个问题，后续研究提出了批量标准化（batch normalization，BN）层。

标准化层在网络训练过程，对每一批的输入数据进行标准化，使得每一批输入的特征分布具有相同的均值与方差。同时，为了防止对输入数据标准化造成数据原来表达能力的缺失，在 BN 层引入两个可学习的参数，用于对标准化的数据进行线性变换，在一定程度上保留原始输入特征的分布信息。标准化层不仅加快了卷积神经网络在训练时的收敛，还使得网络对参数大小的适应能力更强，允许使用较大的学习率进行参数更新。研究证明，BN 层具有一定的正则化效果。得益于上述优点，标准化层已逐渐成为卷积神经网络的基本组成。

5）全连接层

全连接层将神经网络提取的特征表示映射到样本标记空间，起到分类的作用，常用于场景分类的任务，而在语义分割任务中常用类似 U-Net 的框架重建原始图像分辨率。由于全连接层的神经元在层与层之间采取全部连接的方式，全连接层的参数通常占整个网络参数的 50% 以上。全连接层的输出为向量形式，容易导致结构信息的损失。卷积神经网络能够接受的输入尺寸通常受限于全连接层的参数。

6）输出层

在卷积神经网络的顶端，设置有输出层用于输出每个类别的后验概率，所有类别的概率加和为 1。常见的输出层有 softmax，它经常被用于多分类过程中，将前一层的输出映射到（0,1）区间，可视作输出每个类别的后验概率，所有类别的概率加和为 1。

3. 网络模型

根据语义分割、目标识别、变化检测等应用需求的不同，诸多学者研究发展了多种网络结构。不同应用目的下的常见深度学习网络模型如表 3-1 所示。

表 3-1　不同应用目的下的常见深度学习网络模型

序号	应用目的	常见网络模型
1	语义分割	FCN、U-Net、DeepLab 系列、FPN（feature pyramid network）、HRNet-OCR、Swin-Transformer 等
2	目标识别	单阶段包括 Yolo 系列、SSD、RetinaNet，两阶段包括 RCNN、Fast-RCNN、Faster-RCNN 及后续改进网络
3	变化检测	多通道融合（如 FC-EF）、孪生网络（如 FC-Siam-Diff、FC-Siam-Conc）、解码部分使用多尺度特征融合（如 FCCDN、SNUNet）、解码部分注意力机制（如 STANet、BIT）

3.2　地表参数遥感定量反演

定量遥感主要指从卫星遥感获取的电磁波信号中提取地表参数的定量化信息

的技术方法。从定量遥感的定义中可以看出，定量遥感区别于地表要素的识别和提取，其核心是从电磁波信号中，通过物理和数学的方法提取地表参量的量化信息。从定量遥感技术的发展历史来看，早期是将地表参量与卫星观测电磁波信号进行简单的回归分析，构建二者的映射关系，从而通过卫星观测信号推算地表参数值。随着学者对电磁波与自然地物作用机理研究的不断深入，各类更复杂、更精确、机理性更强的定量遥感模型被构建出来，可通过这些模型的一系列数据处理从电磁波中提取地表要素信息。

常见的地表参数包括土壤水分含量、地表温度、植被叶面积指数、生物量等，类型多样，且每一类地表参数使用的卫星遥感手段、反演算法各有差异，因此本节不对某一类地表参数的反演算法进行介绍，仅描述通用的定量反演流程和模型构建方法。

3.2.1　基本流程

定量遥感除了前期卫星遥感数据处理中涉及的几何处理外，更侧重进行辐射定标、大气校正、前向模型构建、参数反演等。地表参数定量反演流程如图 3-10 所示。

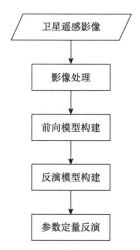

图 3-10　地表参数定量反演流程

3.2.2　遥感数据处理

在定量遥感应用中对于卫星遥感数据的预处理除了基本的几何处理工作外，主要是进行数据的辐射定标和大气校正。

1. 辐射定标

辐射定标是将遥感传感器接收记录的电压信号或数字值（DN 值）转为绝对量纲的辐射亮度或反射率（梁顺林等，2013）。一般分为实验室定标、星上定标和场地定标三个部分。实验室定标主要是在遥感传感器发射前，进行各像元的光谱响应度、中心波长、谱带宽度等绝对和相对预定标；星上定标是在传感器发射后，通过星上内部定标参考标准进行仪器光谱特性和辐射特性的标定；场地定标是通过地面辐射校正实验场等同步观测进行遥感器光谱校正和辐射校正（赵英时等，2013）。

2. 大气校正

地面发射或反射的电磁波被星载遥感传感器接收前均要通过大气层，各类电磁波的辐射能与大气层发生散射、吸收等相互作用，其能量、强度和光谱分布会发生变化，给遥感参数定量估算引入误差。大气的衰减作用对不同波长的光谱是有选择性的，因此不同波段的电磁波受大气的影响也是不同的。消除大气对遥感信号影响的处理称为大气校正（赵英时等，2013）。大气校正对于图像分类、目标检测等遥感应用不是必需的，但是在定量参数估算过程中是必不可少的。

3.2.3 前向模型构建

前向模型是用数学模型表达遥感影像的像元值与地表参量之间的关系（梁顺林等，2013）。按照辐射源到传感器的辐射传输路径，前向模型主要分为地面场景构建、地表与大气辐射传输建模和传感器模型等几个方面。目前主要的前向模型包括辐射传输模型（Jacquemoud et al.，1996；Verhoef，1984）、几何光学模型（Li and Strahler，1986），以及计算机模拟模型（Qi et al.，2019；Qin and Gerstl，2000；Anselin，1988）等。

1. 辐射传输模型

辐射传输模型的理论基础是辐射传输理论，核心是辐射传输方程。其优点是从辐射传输理论角度解决遥感的定量化问题，充分考虑了地面和电磁波的相互作用，但是对地面目标不均匀、各向异性等考虑不足。

2. 几何光学模型

几何光学模型是将几何光学理论引入模型模拟中，将地面目标假定为具有已知几何形状和光学性质、按一定方式排列的几何体，通过分析几何体对光线的截获和遮阴及地表面的反射来确定各方向的反射能量，被广泛应用于遥感建模中。

3. 计算机模拟模型

辐射传输模型和几何光学模型在处理地面目标时均有不同程度的假设，有时候与地表的真实场景差别较大。因此，随着计算机技术的进步和发展，出现了计算机模拟模型，计算机模拟模型更灵活和详细，能更真实地处理地表与电磁波的相互作用，如蒙特卡洛方法等。计算机模拟模型有时候还可以作为验证其他模型的工具。

3.2.4　反演模型构建

遥感反演是通过遥感观测数据反演地表有价值的信息，涉及的要素包括地表温度、植被叶面积指数、生物量、土壤水分含量等。反演模型通过物理的或数学的方法建立遥感观测信号与地物参量之间的关系，一般可以分为物理模型、经验/半经验模型和机器学习模型（Xu et al.，2022）。物理模型是采用物理学的方法精细化模拟电磁波与地物的相互作用，一般模型结构复杂，精度较高，适用性较强，但是运行速度慢，实用性不强；经验模型是基于地物光谱特征的统计分析，不考虑物理机理，相对简单，易于实现；半经验模型融合了经验模型和物理模型的优缺点，有一定的物理机理，同时精度也较高；近年来发展的机器学习模型是基于人工智能的数据估算算法，其在处理复杂和非线性问题方面具有明显优势。

1. 基于经验/半经验模型的反演算法

经验模型是通过经验回归的方法建立遥感观测值与地表参量之间的关系，如一些简单的波段运算，该模型参数少、方法简单易行，但是物理机理性较弱。同时，由于很难收集到大量的涵盖各类地表条件的地面测量数据，因而经验模型的最大限制是模型的普适性问题。半经验模型考虑经验数据和物理过程，其参数往往是经验参数，但有一定的物理意义。半经验模型中使用的模型参数经常直接从有限的测量值中得到，因而往往需要对特定区域、特定数据参数化，如用于计算地表辐射的半经验模型 Q/H 模型（Karthikeyan et al.，2017），主要适用于 AMSR-E 数据（Kawanishi et al.，2003）。

2. 基于物理模型的反演算法

此类算法建立在前向模型模拟的基础上，通过多次迭代的方法不断调整模型的输入参数，使得基于前向模型的计算值与卫星观测值之间的差异不断缩小，并构建代价函数表达差异，当代价函数取得最小值时，输入的参数即为需要反演的参数。有时迭代过程非常缓慢，时间成本高，因此为了提高反演效率，查找表算法在反演中得到了广泛应用。查找表算法预先在模型中输入参数的所有可能组合，以此获取各种条件下的反射率模拟数据。这样，最耗时的运算就可以在反演算法执行之前完成，进而将反演的计算问题压缩为找到与待反演观测参数集最为接近的模型模拟反射率值，如模拟粗糙地表辐射的高级积分方程（Pierdicca et al.，2009）。

3. 基于机器学习模型的反演算法

机器学习是指通过某些算法指导计算机利用已知数据来训练模型，并利用训练后的模型对新数据进行分析或者预测的过程，其具有自适应、自学习、高效率和容错性等优点，且能够挖掘出数据隐藏的潜在关系和规律，在地表参数反演方面具有很大的优势（王喆等，2022）。常用的机器学习模型有随机森林、支持向量机、反向传播神经网络、决策树、朴素贝叶斯、逻辑回归等（Guo et al.，2021）。

4. 数据同化方法

数据同化遥感反演方法是针对定量遥感中的"病态反演问题"，利用多种遥感观测数据，对多源数据进行数据融合应用的一种技术。数据同化方法可使用一个时间窗口内所有可用的信息来估算地表模型中的多个未知参量。这些能够引入的信息包括观测数据和已有的相关先验信息，以及更重要的有理论解释的描述所涉及系统的动态模型（张智韬等，2022）。

一般数据同化包括：前向动态模型，描述状态变量随时间的变化；遥感观测模型，可关联状态变量的模型估算值和卫星观测数据；目标函数，将模型参量估算值和观测数据集与相关先验信息及误差结构组合而成；优化方案，用于调整前向模型参数或状态变量，使模型估算和卫星观测值之间的差异达到最小；误差矩阵，用于表达观测数据、模型和背景信息的不确定性。

3.3　地表三维立体信息提取

地表三维立体信息是指地形信息、地物高度信息等。本节主要介绍利用立体像对观测数据提取数字表面模型（DSM）的原理和方法流程。

3.3.1　基本原理

立体像对是从两个不同位置对同一地区所摄取的一对像片（邹馨等，2022）。通过立体像对提取数字表面模型的原理可以类比人的两只眼睛看同一地物，形成一个角，当天空中两个观测点位置确定后，角度越大，地物越高，反之角度越小，地物越低（李阳，2015）。当卫星遥感影像上所有点的高度都解算后，可以得到整个区域的数字表面模型。

基于立体像对提取 DSM 时，主要技术原理是构建同轨立体像对并开展高精度相对定向和绝对定向后，开展密集点云匹配，获得大量同名点，基于有理函数模型空间前方交会得到地面点坐标，通过不规则地面点内插得到规定格网间距的 DSM。卫星影像直接得到的是地球表面及其附着物（如树木、房屋）的高程信息，即数字表面模型。通过对 DSM 进行编辑，剔除建筑物和植被等的高度后，即可生产数字高程模型（DEM）（汤国安等，2005），目前应用较广泛的 DEM 产品包括 ASTER GDEM、SRTMGL、AW3D30 等（唐新明等，2021）。

3.3.2　区域网平差

区域网平差是将多轨数据连接成一个区域进行整体平差，也称为区域网空中三角测量（唐新明等，2018）。本节以资源三号卫星影像为例介绍卫星遥感影像的区域网平差的主要流程和技术要求。

1. 平差影像筛选

平差影像一般采用传感器校正产品，筛选时需要考虑卫星遥感影像的辐射质量，优选前、中、后三视齐全的影像，同时考虑优选同轨获取的影像，邻轨辐射条件相近，尽量无侧摆观测的数据。

2. 区域网划分

在进行区域网平差时，需要对区域网进行合理的划分。划分时考虑的内容包括控制点布设、分区形状等内容。

1）控制点布设

控制点应当在地面上位置明确，易识别。控制点尽量分布在区域网周围及影像重叠范围的中线附近，控制点数量建议不少于分区内卫星影像景数，尽量在区域内所有重叠影像的每景影像上均有选点（唐新明等，2018）。

2）分区形状

尽量构建连续覆盖的区域网，针对几何形状不好的区域网，可适当外扩并补充影像，优化区域网网形。

3. 连接点布设

连接点应均匀分布在区域网内，尽量在区域内的所有重叠影像上的每景影像均有选点。

3.3.3 DSM 匹配

对区域网平差的各个立体影像对进行重采样生成近似核线影像，通过自动影像密集匹配技术生成各像对的 DSM 数据，对同一区域冗余覆盖的各像对 DSM 数据进行加权融合或择优融合，生成融合后的 DSM 数据。

3.3.4 DSM 编辑

由误差较大或者匹配失败等原因导致的 DSM 数据缺失或空洞，需要在后期编辑中进行处理，主要包括插值、滤波和特殊地物处理等，处理后进行 DSM 数据的镶嵌和裁切，形成最终的 DSM 数据成果。

1. DSM 插值

对于无效数据区域，使用插值的方式进行修复，主要方法包括线性插值、反距离加权插值、二次多项式插值、三次样条插值等，这种方法适用于小范围的数据恢复。此外，若有其他辅助数据，可以从数据融合的角度对 DSM 进行恢复。例如，可以建立辅助数据与 DSM 数据的回归关系，对缺失的 DSM 数据进行推算。

2. DSM 滤波

DSM 滤波是对 DSM 的斑点噪声和随机噪声进行处理，主要滤波算法包括小波变换、中值滤波等。

3. 特殊地物处理

特殊地物包括云雪覆盖、山体阴影、河湖水面、临时运动地物等。对于云雪覆盖区需要编辑删除明显错误的区域，采用插值等方式进行补充；对于山体阴影和河湖水面等区域，需要考虑自然地物的形态和实际情况对 DSM 数据进行编辑，如静止湖面的高程应一致。对于临时运动地物导致的 DSM 误差，可以编辑删除。

第4章　国土空间遥感监测评价单元体系

监测评价单元是开展各类监测、分析评估和可视化展示等工作的基础。评价单元按照几何形状分为规则格网单元和不规则格网单元。本章总结了规则格网和不规则格网两类监测评价单元的现状，提出了国土空间遥感监测评价单元规则格网和国土空间全域不规则格网剖分方法，介绍了多源异构数据的格网化处理方法以及格网数据的转换方法。

4.1　规则格网单元

国土空间遥感监测与分析的数据源较多，各类数据的格式、结构等不尽相同。在各类数据标准化处理之前，很难进行叠加计算和融合分析。因此，多源异构数据给国土空间分析评价结果的计算、管理和存储带来了一系列问题。规则格网单元是将研究区域划分为规格相同的格网（刘纪平等，2020），作为统一的地理框架，将各类数据处理到格网单元中。在统一地理框架的基础上，规则格网单元可以兼具国土空间遥感监测与分析涉及的各类数据的组织、存储、计算和显示等功能。

4.1.1　规则格网单元研究现状

已有研究面向数据的组织管理应用需求，提出了不同类型的规则格网单元，主要包括正三角形格网、矩形格网、六边形格网和地理格网等四种类型。

正三角形格网是以三角形为几何形状对全球进行的剖分。三角形格网的特点是只有初始的球面三角形格网是规则的，能够保证严格的等形状特性，其他任意深度的剖分将破坏等边性和等面积性，从而在大小和形状上产生变形。袁文等（2005）基于等形状、等面积、坐标转换计算简单快速的全球剖分三指标原则，提出了面向球面三角形的等角比例投影族，该投影族可支持包括正八面体、正二十面体等多种柏拉图立体的球面三角剖分，球面特征曲线（纬度圈、大圆弧等）上的均匀剖分点将被均匀地投影到投影面中（袁文等，2005）。

矩形格网主要有两种，包括军用格网参考系统（military grid reference system，MGRS）和全球区域参考系统（global area reference system，GARS）。其中，MGRS是于 20 世纪 40 年代由美军根据欧洲格网化地图修改得到的，已广泛用于地面作战行动和国土安全防御的地理位置定位（程承旗等，2016）。MGRS 提供一个统一的系统参考，并在经纬度坐标与格网坐标之间建立对应关系。其格网划分方法是：首先将全球规则地划分为多个 8°×6°格网，然后在通用横轴墨卡托投影（universal transverse Mercator projection，UTM）基础上划分为多个百公里格网，将百公里格网不断十等分，获得十公里格网、公里格网，直至米级格网。GARS格网由美国国家地理空间情报局（National Geospatial-Intelligence Agency，NGA）于 2006 年提出，是美国国防部进行战场区域标准化的参考系统（程承旗等，2016），采用等经纬度格网剖分方法，分为30′、15′和5′格网 3 个层级。

与三角形和四边形格网相较，六边形格网具有对称性好、采样效率高、一致相邻等特点，更利于地球空间信息的建模、整合与分析（贲进等，2015）。正交行列坐标系是标记六边形格网单元最简单的方式，即用行列号直接对格网单元进行编码，便于计算机存储与组织，易于实现从格网坐标到地理坐标的转换（王璐和艾廷华，2019）。

地理格网是指按照一定的数学规则对地球表面进行划分而形成的格网。根据国家标准《地理格网》（GB/T 12409—2009），地理格网分为经纬坐标格网和直角坐标格网，两种格网间具有较严密的数学关系，可以相互转换。经纬坐标格网面向大范围（如全球或全国），适于较概略表示信息的分布和粗略定位的应用，而直角坐标格网面向较小范围（如省级或县乡级），适于较详尽表示信息的分布和相对精确定位的应用。两种格网的分级和编码规则如下。

（1）经纬坐标格网是指按照一定经纬度间隔对地球表面进行划分而形成的格网。经纬坐标格网按经、纬差分级，以 1°经、纬差格网作为分级和赋予格网代码的基本单元。各层级的格网间隔为整倍数关系，同级格网单元的经差、纬差间隔相同。经纬坐标格网基本层级分为 1°、10′、1′、10″和 1″ 5 级。经纬坐标格网代码由 5 类元素组成，分别为象限代码、格网间隔代码、间隔单位代码、纬经度代码和格网代码。

（2）直角坐标格网是指将地球表面区域按数学法则投影到平面上，按照一定的纵横坐标间距和统一的坐标原点，对地表区域进行划分而构成的格网。各级格网的间隔为整倍数关系，同级格网单元间距相等。直角坐标格网采用高斯-克吕格投影，采用 6°或 3°分带。直角坐标格网根据格网单元间隔分为 6 级，以百公里格网单元为基础，按 1/10 的关系细分，格网间距包括百公里、十公里、公里、百米、十米、米等 6 级。格网编码由 4 类元素组成，分别为南北半球代码、高斯-克吕格投影带号代码（以下简称投影带号代码）、百公里格网代码和坐标格网代码。其中，前三类元素为必选元素，坐标格网代码根据需要选用。

4.1.2　基于 GeoSOT 的规则格网单元划分

国土空间遥感监测与分析评价工作采用 GeoSOT（geographical coordinate subdividing grid with one dimension integral coding on 2^n-tree）作为统一的地理框架进行数据的组织管理、分析运算和空间展示。

GeoSOT 是一种基于 2^n 一维整型数组等经纬度的全球剖分格网，采用国家大地坐标系 CGCS2000，包含基础的 4°、2°、1°、2′、1′、2″、1″、0.5″ 8 个格网，共分为 32 个层级。格网上下级别之间的面积之比大致均为 4∶1，是均匀变化的，并且与我国及世界各国主要的规则地理格网之间都具有一致的聚合特性。例如，在 GeoSOT 剖分格网中，4°、2°、1°、2′、1′、2″、1″、1/2″、1/4″、1/8″这 10 种剖分格网能够严密地聚合我国标准地形图图幅（宋树华等，2014；吕雪锋等，2014）。GeoSOT 不同层级格网大小见表 4-1。

表 4-1　GeoSOT 不同层级格网大小

剖分层级	格网大小	大致尺度	剖分层级	格网大小	大致尺度
G	512°	—	13	4′	8km
1	256°	—	14	2′	4km
2	128°	—	15	1′	2km
3	64°	—	16	32″	1km
4	32°	—	17	16″	512m
5	16°	—	18	8″	256m
6	8°	1024km	19	4″	128m
7	4°	512km	20	2″	64m
8	2°	256km	21	1″	32m
9	1°	128km	22	1/2″	16m
10	32′	64km	23	1/4″	8m
11	16′	32km	24	1/8″	4m
12	8′	16km	25	1/16″	2m

剖分层级	格网大小	大致尺度	剖分层级	格网大小	大致尺度
26	1/32″	1m	30	1/512″	6.2cm
27	1/64″	0.5m	31	1/1024″	3.1cm
28	1/128″	25cm	32	1/2048″	1.5cm
29	1/256″	12.5cm			

1. 格网剖分方法

GeoSOT 格网首先将地球表面通过简单投影由球面变换到平面，即从 180°×360° 地球表面空间扩展为 512°×512° 单元格，并将该单元格作为第 0 级格网，格网中心与赤道和本初子午线的交点重合。在此基础上，对第 0 级格网进行递归四叉剖分，直到 1°格网。为了均匀剖分，先将格网的大小从 1°（即 60′）扩展到 64′，再对扩展后的格网进行递归四叉剖分，直到 1′格网。对于 1′（即 60″）格网，同样先将其大小扩展到 64″，然后进行递归四叉剖分，直到第 32 级（1/2048″）格网。GeoSOT 格网剖分示意图如图 4-1 所示。

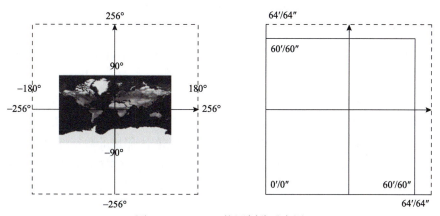

图 4-1　GeoSOT 格网剖分示意图

2. 格网编码规则

GeoSOT 采用 Z 序编码，编码起点为（0，0），4 个半球的 Z 序方向因此不同。自全球依次向下四分编码，下一级格网在上一级格网的基础上 Z 序编码。每一级格网按 Z 序被分别赋值 0、1、2、3。每个剖分格网的编码形式为"Gddddddddd-mmmmmm-ssssss.uuuuuuuuuuu"，以 G（Globe）开头，d、m、s 和 u 分别表示度级、分级、秒级和秒以下级的格网编码，编码长度即为格网层级。GeoSOT 格网编码示意图如图 4-2 所示。

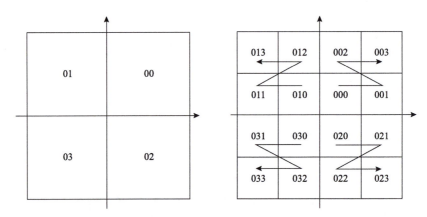

图 4-2 GeoSOT 格网编码示意图

3. 格网编码与行列号的转换

1）转换方式和步骤

GeoSOT 格网编码可以与全球剖分格网的行列号进行转换，方便进行地理空间索引和计算。具体转换方式和步骤如下。

（1）格网级别：格网级别与编码的数字长度对应，数字长度（不包含中间的连接符号"-"）即格网的级别。

（2）行列号计算：首先提取格网编码的数字部分（不含连接符号）；从左到右依次将每一位数字转为二进制代码，每两位一组，并按顺序排列；将每两位二进制数字的第一位提取出来，按顺序组合后，转为十进制，即为列号 Y；将每两位二进制数字的第二位提取出来，按顺序组合后，转为十进制，即为行号 X。

（3）空间位置查询：在获得 X 和 Y 后，上下左右八邻域的数字即可依次计算：$(X–1,Y–1)$，$(X,Y–1)$，$(X,Y+1)$，…，其他邻域的数字按照此方法均可推算。

（4）确定邻域数字以后，按照上述步骤（2）的逆步骤，即可得到邻域数字的格网编码。

2）举例

以格网编码 G001310012-3001 为例。

（1）格网级别：与数字长度对应，共 13 位，表示第 13 级。

（2）Code 转横纵坐标 (X,Y)。

a. 提取数字串 0013100123001。

b. 将每一位数字转为两位二进制代码（0，1，2，3 的二进制代码分别为 00，01，10，11）。

上述数字串可以表示为 00 00 01 11 01 00 00 01 10 11 00 00 01，将每两位二进

制位的第 1 位提取出来组合，Y：0001000011000，转为十进制，从右往左依次累加是：$1 \times 2^3 + 1 \times 2^4 + 1 \times 2^9 = 536$；将每两位二进制位的第 2 位提取出来组合，$X$：0011100101001 转为十进制，从右往左累加是：1833，表示这个格网编码对应的横纵坐标 X 和 Y 分别是 1833 和 536。

c. 得到 X 和 Y 以后，确定格网行列号 (X,Y)，其上下左右的八邻域空间可以表示为 $(X–1,Y–1)$，$(X–1,Y)$，$(X–1,Y+1)$，$(X,Y–1)$，$(X,Y+1)$，$(X+1,Y–1)$，$(X+1,Y)$，$(X+1,Y+1)$。

d. 计算 X 和 Y 的上下左右数值以后，将对应数字转为二进制，按照第（2）步的逆步骤转为代码即可，如（1832,536）转为代码 G001310012-3000。

4.1.3　基于 GeoSOT 规则格网的特点

采用 GeoSOT 格网作为统一的地理框架进行国土空间遥感监测分析评价兼具了数据组织管理、计算和表达等功能，其主要特点包括：

（1）管理方便。将整个地球经纬度空间进行四叉树式的剖分，不同尺度之间组织严密、转换关系清楚，有利于计算机开展数据的组织和管理。

（2）尺度灵活。覆盖了从百公里到米级的所有尺度的格网，便于用户根据应用需求，构建和应用相应尺度的数据层。

（3）兼容性强。可以灵活地聚合为行政区等常用的不规则区域，与现有测绘、国土等数据具有继承性，有利于数据的组织和管理。

（4）检索快速。格网编码是整型二进制编码，所有查询检索操作均为整型运算，提高了计算机对数据的检索效率。

（5）空间性强。编码具有全球唯一性，可以方便地实现全球统一的基于空间区域组织的数据索引，便于不同类型空间数据进行空间定位、关联和融合分析。

4.2　不规则格网单元

不规则格网是指面向特定应用需求将研究区域划分的非规则几何形状单元。相比于无差别等距剖分的规则格网单元来说，不规则格网单元对于统计分析和信息应用来说更有物理意义。本节在调研已有研究基础上，为了更好地适用国土空间卫星遥感监测与分析评价的业务，提出了覆盖城区和自然区域的国土空间全域不规则格网剖分方法。

4.2.1 不规则格网单元研究现状

在以往研究和应用中，不规则格网单元可以分为两类：一类是面向自然地理区划单元；另一类是面向社会经济管理而划分的单元。

1. 自然地理区划单元

自然地理区划单元主要涉及气候、地貌、水文、土壤、植被、自然资源、生态等多种专题区划。各类自然地理要素之间是有内在联系的（赵汝植，1989），因此自然地理单元划分中，也有综合各种自然地理要素，根据地表自然综合体的相似性和差异性进行的综合自然地理区划（黄秉维，1958）。郑达贤和陈加兵（2007）以流域为基本单元提出了一个以环境研究和环境管理为主要服务目标，便于地域之间相互关系分析的综合自然地理区划方案，该方案将全国分为 3 个自然大区、11 个自然地区和 63 个自然区。

1）气候区划

气候区划是根据气候的不同类型，按一定的指标进行的地域分区。按照服务对象的不同，可以细分为农业气候区划、建筑气候区划、航空气候区划等。郑景云等（2010）根据全国 609 个气象站 1971～2000 年的日气象观测资料，遵循地带性与非地带性相结合、发生同一性与区域气候特征相对一致性相结合、综合性和主导因素相结合、自下而上和自上而下相结合、空间分布连续性与取大去小等 5 个基本原则，在充分吸纳已有气候区划基本理论与区划方法的基础上，将我国划分为 12 个温度带、24 个干湿区和 56 个气候区。

2）地貌区划

地貌区划也称地形区划，是依据地貌形态、成因及发育的相似性和差异性进行的区域划分。程维明等（2019）在总结全国、地区、省域和区域等不同层次的地貌区划方案的基础上，提出了全国五级地貌等级分区的方案和指标体系，以及区划体系的命名规则和编码方式，并遴选出各级地貌区划的分区指标以及指标的获取方法，进行了全国 1∶25 万比例尺五级地貌区的划分，包括 6 个一级大区、36 个二级地区、136 个三级区、331 个四级亚区和 1500 多个五级小区。

地貌区划还可以根据高程和坡度进行分级，按照一定的高程区间将地表划分为若干个高程带。同理，坡度分级是按照一定的坡度区间将地表划分为若干个坡度带。根据《地理国情普查基本统计技术规定》（GDPJ 02—2013）：全国高程带分级按照<50m、[50m，100m）、[100m，200m）、[200m，500m）、[500m，800m）、[800m，1000m）、[1000m，1200m）、[1200m，1500m）、[1500m，

2000m）、[2000m，2500m）、[2500m，3000m）、[3000m，3500m）、[3500m，5000m）和≥5000m进行划分，共分为14级；全国坡度带分级按照[0°，2°）、[2°，3°）、[3°，5°）、[5°，6°）、[6°，8°）、[8°，10°）、[10°，15°）、[15°，25°）、[25°，35°）和≥35°进行划分，共分为10级。

3）水文区划

水文区划是按照水文现象的相似性和差异性进行的地域分区，能够综合反映水文的地带性和区域性特征。熊怡等（1995）采用模糊聚类法，以径流深、不同时段径流量占年径流量的百分比为分区指标，将全国分为11个一级区和56个二级区。此外，根据地表水系的汇流关系进行流域的地域划分，也可以作为气象水文科研和业务应用的基础性工作。张国平等（2010）提出了三级流域划分的原则，建立了全国流域划分方案，将我国分为29个一级流域、90个二级流域和183个三级流域，并建立了流域编码方法。

4）土壤区划

土壤区划是以土壤群体呈现的组合规律进行的地域分区（高以信和李明森，1995）。席承藩和张俊民（1982）采用土壤区域、土壤带和土壤区三级分区制对全国土壤进行了区划，其中一级区的划分主要依据重大的土壤特征差异，二级区的划分主要依据温度带与土壤、植被等的一致性，三级区的划分主要体现区内土壤组合及其有关自然条件的一致性，将我国划分为4个一级区、15个二级区和61个三级区。

5）植被区划

植被区划是合理开发利用植被资源和进行生态管理的基础（徐文铎等，2008）。侯学煜（1988）按照植被地理分布原则，同时考虑地貌、土壤、气候及水文诸因子与植被的关系，以及农业耕作制度和作物类型组合等因素，将我国分为寒温带落叶针叶林、温带针叶阔叶混交林、暖温带落叶阔叶林、亚热带常绿阔叶林、热带雨林、温带草原、温带荒漠、青藏高原高寒植被等8个植被区域。

6）自然资源区划

自然资源区划是根据土地、矿产、森林、草地、湿地、水和海域海岛等复合自然资源的空间异质性进行的以不同自然资源主导的地理分区划分。张海燕等（2020）基于自然资源格局、演变和功能特性，提出了自然资源综合区划的原则、指标体系和技术方法，将全国划分为东北林耕、华北草耕、华东林耕、西南林耕、华南森林、西北荒漠和青藏草地7个自然资源大区。针对矿产资源，按照已知矿产资源的成矿地质条件、区域自然分布及组合特点的相似性和差异性，同时结合其他自然条件的研究，可以进行不同矿产资源分布区域的划分（杜晓慧，2015）。

程爱国等（2011）在研究我国煤炭资源分布规律的基础上，提出了我国煤炭资源三带六区方案，即东部补给带、中部供给带、西部自给带和东北规划区、黄淮海规划区、华南规划区、晋陕蒙宁规划区、西南规划区、西北规划区。

7）生态区划

生态区划是在对生态系统客观认识和充分研究的基础上，应用生态学原理和方法，为揭示各自然区域的相似性和差异性规律以及人类活动对生态系统干扰的规律，从而进行整合和分异，对生态环境所进行的区域单元划分（刘国华和傅伯杰，1998）。傅伯杰等（2001）以我国宏观尺度上的生态系统（生物和环境）为对象，在充分研究我国生态地域、生态服务功能、生态资产、生态敏感性和人类活动对生态环境的胁迫等要素的特点和规律的基础上，建立了我国生态区划的原则、方法、指标体系和命名系统，将我国划分为 3 个生态大区、13 个生态地区和 57 个生态区。

谢高地等（2012）为了方便生态环境数据与以县为行政单元统计的社会经济数据更好地融合，并有利于生态管理的实施，以我国各县为基本区划单元，对青藏高原、黄土高原、云贵高原等的自然边界有所打破，并根据我国气候、地形地貌、生态系统等特征的定量与定性指标，确定了分区的原则、依据、方法和指标，采用自上而下的逐级划分方法，将全国划分为 4 个生态大区、11 个生态地区和 63 个生态区。

2. 社会经济管理区划单元

社会经济管理区划单元是从政治、经济、社会等角度划分的地域综合体，主要用于分析区域单元的形成发展、分异组合、划分合并和相互联系。

1）行政区划

行政区划是最常用的统计分析单元。我国行政区划实行的是四级体制，即省级、地级、县级、乡级四级行政区。一级（朴飞，2013；李传永，2000）（省级）行政区，包括省、自治区、直辖市、特别行政区。二级（地级）行政区，包括地区、盟、自治州、地级市。三级（县级）行政区，包括县、自治县、旗、自治旗、县级市、市辖区、林区、特区。四级（乡级）行政区，包括乡、民族乡、镇、街道、苏木、民族苏木、乡级管理区、县辖区、县辖市（台湾省专设）。

2）人文地理综合区划

人文地理综合区划是以自然地理要素的地域分异规律为基础，以人口、经济、文化、社会、政治、民族、景观等人文地理要素为依据，充分考虑人文要素的地域分异性和相似性，将区域划分为不同空间层级、相对独立完整，并具有有机联系的特色人文地理单元。方创琳等（2017）提出和构建了我国人文地理综合区划的基本原则和指标体系，采用自上而下与自下而上相结合的区划思路和空间聚类分析方法，将我国划分为 8 个人文地理大区和 66 个人文地理区。

3）人口区划

人口区划是将人口从空间上划分为若干个具有不同特点的人口区域，即对人口区域进行分类划片。科学的人口区划，对于指导各地有效地控制人口数量、提高人口素质、改善人口结构，以及揭示人口经济系统和人口生态系统的良性运行和协调发展的机制，均有重要的理论和实践意义（赵栋义和陈浩，1991）。胡焕庸（1990）将我国分为辽吉黑区、黄河下游区、长江中下游区、东南沿海区、晋陕甘宁区、川黔滇区、蒙新区和青藏区八大人口区。

4）文化区划

文化区划是一个具有连续的空间范围、相对一致的自然环境特征、相同或近似的历史过程、具有某种亲缘关系的民族传统和人口作用过程、具有一定共性的文化景观所构成的地理区域（吴必虎，1996）。刘沛林等（2010）从景观基因的角度对文化区进行了识别，基于我国传统聚落景观本身存在的特点，以景观的内部相对一致性原则作为划分的主导原则，将全国聚落景观初步划分为 3 个大区、14 个区和 76 个亚区。

5）经济区划

经济区划是对社会生产的地域分工和经济发展战略的区域差异进行的区域划分。改革开放以来，为适应新时期经济发展的需要，经济区划研究受到越来越多的重视。杨吾扬和梁进社（1992）认为经济带、经济区和经济地域类型是我国经济地域划分的三个层次，并根据我国复杂的国情，采取了多原则的划分方法，将我国划分为十大经济区，分别为东北区、京津区、晋陕区、山东区、上海区、中南区、四川区、东南区、西南区和大西区。

6）农业区划

农业区划是按照农业地域分异规律，在一定地区范围内对农业生产的条件和类型进行的空间划分。作为一种基本的政策导向，该区划在指导农业生产方面起到了积极而有效的作用（厉伟等，2003）。刘彦随等（2018）建立了农业自然要素与农业地域功能耦合测度指标体系，应用聚类分析和定性评判综合手段提出了新时期的中国现代农业区划原则和方法，制定了全国现代农业区划方案，将我国划分为 15 个农业一级区和 53 个农业二级区。

7）林业区划

林业区划是按照林业生产地域分异规律和自然、经济、社会与技术等方面的条件，对林业生产进行的地域空间划分（谢剑斌和陈芬，2003）。崔本义（2008）在分析研究自然地域分异规律和社会经济状况的基础上，根据森林生态的异同和社会经济对林业的要求，进行了山西省林业地理分区，将全省划为晋北森林灌草治理区、西部黄土丘陵防护林区、吕梁山土石山水源涵养林区、吕梁山东侧黄土丘陵水保林区、中南部盆地农田林网区和东部土石山水源用材林区6个一级林业发展区。

8）旅游区划

旅游区划是依据一定区域内赋存的旅游资源丰度或存量、旅游基础设施的供给能力和旅游发展的现状，来确定旅游区空间范围和界线，以形成相对独立的旅游功能区（韩笑，2010）。潘竟虎和从忆波（2014）运用栅格成本加权距离算法计算出全国所有A级旅游景点的空间可达性及服务区范围，通过对不同时间阈值下服务区范围变化的判断进行旅游景点腹地范围的空间合并，将我国划分为9个一级旅游区、22个二级旅游区和177个三级旅游区。

9）主体功能区划

主体功能区划是指根据资源环境承载能力、现有开发密度和发展潜力，统筹考虑未来人口分布、经济布局、国土利用和城镇化格局，对国土空间划定的具有某种主体功能的类型区（方忠权和丁四保，2008）。樊杰（2015）将国家和省级尺度的地域功能类型确定为城市化区域、粮食安全区域、生态安全区域、文化和自然遗产区域等4类，在此基础上以县级行政区为地域单元，按照开发方式，将主体功能区的类型确定为优化开发区、重点开发区、限制开发区和禁止开发区等4类，并研讨了以规划为应用指向的主体功能区划分方法，提出了全国首个主体功能区划方案。

4.2.2　国土空间全域不规则格网单元剖分

国土空间开发利用、保护治理需要遵循自然规律、社会规律和经济规律，立足特定区域的国土空间的自然和人文禀赋，针对当地人民的生产生活活动，优化空间开发和保护，维护好国土空间应有的秩序、权益和运行机制（庄少勤等，2020）。国务院发布的《水污染防治行动计划》也提出，优化空间布局。合理确定发展布局、结构和规模。充分考虑水资源、水环境承载能力，以水定城、以水定地、以水定人、以水定产。2020年，自然资源部印发的《资源环境承载能力和国土空间开发适宜性评价指南（试行）》提出，资源环境承载能力和国土空间开发适宜性评价是编制国土空间规划、完善空间治理的基础性工作，是优化国土空间开发保护格局、完善区域主体功能定位，划定生态保护红线、永久基本农田、城镇开发边界，确定用地用海等规划指标的重要参考。因此从自然禀赋条件出发，考虑自然地理规律来确定国土空间分析评价单元对于国土空间分析评价具有重要的科学和实用价值。

1. 已有格网的局限性

从已有规则格网和不规则格网的研究来看，规则格网具有多尺度的特点，可以适用于不同大小的研究区，同时也可以继承获得不同尺度的信息，但是规则格网的划分不考虑实际地物分布情况，仅按照经纬度剖分，可能会造成同一地物被强制切割到不同的格网中，当计算分析评价指标时，会导致指标失去物理意义。房屋建筑被格网切分示意图如图 4-3 所示。

图 4-3　房屋建筑被格网切分示意图

已有不规则格网直接用于国土空间的评价分析主要存在两个问题：一是尺度较粗，无法反映自然和人类活动区域空间特点，对人类活动最密集的城区的剖分考虑不足，无法用于反映城市内部空间结构布局。以行政单元为基础的统计分析体系，由于各区县在人口、面积、发展水平和地域文化等方面的较大差异，在进行区域差异性分析、区域政策的落实方面具有一定的局限性（蔡玉梅等，2019）。二是各类自然地理区划均局限于某个专题的区域划分，仅适用于专题性区域统计分析。例如高程带和坡度带，可以用于统计分析不同高程和坡度的地物分布特点，但是也限制了同一高程带不同区域的差异对比。

2. 融合地学知识的自然区域不规则格网剖分

为了更好地体现自然条件禀赋、国土空间的适宜性、资源环境承载能力，从而服务国土空间的规划、利用、保护和治理，探索构建了融合地学知识的自然区域不规则格网剖分方法。

1）相关概念

山脊线（分水线）：山脊是由两个坡向相反坡度不一的斜坡相遇组合而成的条形脊状延伸的凸形地貌形态。山脊最高点的连线就是两个斜坡的交线，称为山脊线。山脊线是水流的分水岭，也是流域的分水线。

山谷线（沟谷线或集水线）：沿着一个方向延伸的洼地称为"山谷"。山谷最低点的连线称为"山谷线"、"沟谷线"或"集水线"。山谷线和山脊线共同构成了地形的主要架构，山脊线具有分水性，山谷线具有集水性。

沟沿线（沟源线或沟缘线）：是一种重要的地貌结构线，它是沟间地与沟谷地的分界线，沟沿线是区分正负地形的重要分界线。沟沿线是黄土地貌最重要的地貌特征线（晏实江等，2011）。

坡脚线：坡脚线与沟沿线是黄土高原地貌中重要的特征线，也是基本地貌类型划分的基础。

集水区：是指河流或湖泊供应水源的全部区域或地区。当雨水从天空中掉落到地面时，除去下渗部分，在地面上顺着地表的高低起伏，逐渐由高处往低处流动。对于地表上任何一个地点而言，凡是落在它邻近某个区域内的雨水，经过不断汇聚和流动都会流到这个地点，这个雨水降落和汇流的区域就称为该地点的集水区。落在这个集水区边界以外的雨水，不论怎样流动，都不会经过这个地点。

2）山地丘陵区域划分规则

受地形、高程、气候等因素的影响，不同区域的地物形态也不同。集水区是各种自然活动和人为干扰的主要作用单元。因此，在山地丘陵地区进行不规则单元剖分时，首先以集水区为单元来切分整个区域。由于不同地貌区的坡度、切割程度不同，土地利用也常以沟沿线和坡脚线作为分界线（李小曼等，2008）。因此在集水区划分的基础上，以坡脚线和沟沿线为切分线对集水区进行剖分。一个理想的集水区是由 2 条山脊线、2 条沟沿线、2 条坡脚线和 1 条山谷线切分而成的 6 个区域。沟谷剖面形态示意图如图 4-4 所示。

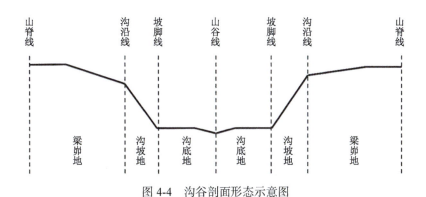

图 4-4　沟谷剖面形态示意图

3）平原区域划分规则

平原地区，人类活动频繁，对自然地域的改造较多，因此在集水区划分的基础上，主要以河流、道路等线状地物对集水区进行切割形成不规则格网单元。

3. 城区不规则格网单元划分

城区是人类活动最密集的区域，为了便于分析城区内部人类活动、资源布局的空间差异，在自然区域划分的基础上，针对城区范围内部，构建了城区不规则格网剖分技术方案。

1）相关概念

城区：根据《国务院关于调整城市规模划分标准的通知》（国发〔2014〕51号），城区指在市辖区和不设区的市，区、市政府驻地的实际建设连接到的居民委员会所辖区域和其他区域。

城区实体地域范围：根据《城区范围确定规程》，城区实体地域范围是指城区实际建成的空间范围，是城市实际开发建设、市政公用设施和公共服务设施基本具备的空间地域范围。

街区：街区是由道路包围的连续区域，是当代城市规划设计和城市研究的重要空间单元。中国对于城市街区尚未有明确的官方定义。狭义上说，围成街区的道路不包括交叉口，街区内部不包含任何道路和更小的街区，上海、广州城市规划中采用此种定义。广义上说，街区内部可包含道路和多个小街区，北京城市规划中采用此种定义。

2）城区不规则格网的定义

一级不规则格网：在城区范围内由道路、河流分割包围的区域单元。

二级不规则格网：在一级不规则格网内，由围墙、道路、绿化带等分割的，用途和场景相对均一的区域单元。

3）城区不规则格网的划分规则

由城区实体地域范围确定城区边界；利用道路、河流、沟渠对城区进行分割，形成一级不规则格网；在一级不规则格网内，综合分析不规则单元内部地表覆盖结构类型与布局、建筑类型和分布形态，结合实地核查，综合考虑权属、用途、分割要素等形成二级不规则格网。城区不规则格网划分示意图如图 4-5 所示。

图 4-5　城区不规则格网划分示意图

4.3　多源异构数据的格网化处理

在规则格网和不规则格网构建的基础上，以规则格网为统一的地理框架，对国土空间监测分析评价的矢量、栅格等空间数据和非空间数据等多种数据源进行标准化加工处理。同时，通过聚合和空间化等技术手段对规则格网和不规则格网进行数据转换，便于开展国土空间的统计分析与评价指标运算、结果展示。

4.3.1　矢量数据的格网化处理

卫星遥感提取的要素、目标和变化图斑以及国土调查和地理国情的监测成果均是矢量形式。对矢量形式数据的格网化处理主要分为三类。

1. 点数据的格网化处理

点数据的格网化处理主要是根据规则格网的空间范围和点的空间位置统计格网内的点的数量作为基础信息进行存储。若点类型数据有属性，可以利用属性加权的方式进行统计，将统计结果存储到对应的格网内。图 4-6 显示了山东省青岛市风力发电机的原始点文件和格网化后渲染的格网数据结果，图中格网大小为 GeoSOT15 级（格网大小约 2km×2km），不同颜色深度表示格网内风力发电机的数量，颜色越深表示某个格网内风力发电机的数量越多。

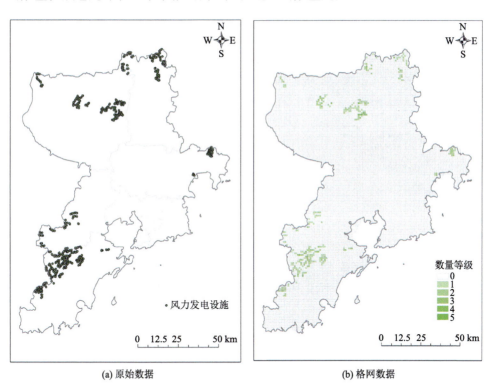

(a) 原始数据　　　　　　　　　　　　　(b) 格网数据

图 4-6　青岛市风力发电设施格网化处理图

2. 线数据的格网化处理

线数据的格网化处理主要是利用规则格网的范围和线的空间位置统计格网内线的长度作为基础信息进行存储。若线类型数据有属性，可以利用属性加权的方式进行统计，将统计结果存储到对应的格网内。需要说明的是，计算线的长度如果需要特定的投影方式，可以先利用格网对线数据进行切割，然后利用用户定义投影进行长度计算，最后按照格网 ID 进行统计汇总，完成格网化工作。图 4-7 显示了青岛市道路路网的原始线文件和格网化后渲染的格网数据结果，图中格网大小与点数据相同。

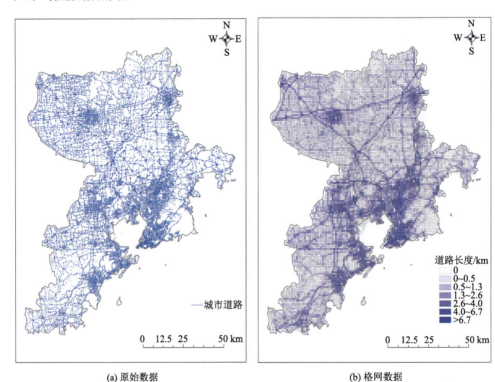

(a) 原始数据　　　　　　　　　　　(b) 格网数据

图 4-7　青岛市道路数据格网化处理图

3. 面数据的格网化处理

面数据的格网化处理主要是利用规则格网的范围和面的空间范围统计格网内面的面积作为基础信息进行存储。通常地表覆盖、国土调查和地理国情等数据的面文件属性中标明了图斑的各类属性，如图斑编码、图斑名称、地表类型等。因此，需要分类型进行统计，将统计结果存储到对应的格网内。同一格网的 ID 将对应多类地表图斑的面积。与线数据的格网化类似，如果需要特定的投影方式计算图斑面积，可以先利用格网对面数据进行切割；然后利用用户定义投影进行面积计算；最后按照格网 ID 进行统计汇总，完成格网化工作。图 4-8 显示了青岛市林地、草地、水域、住宅用地面积等格网数据结果，图中格网大小与点和线数据格网化采用的尺度相同。

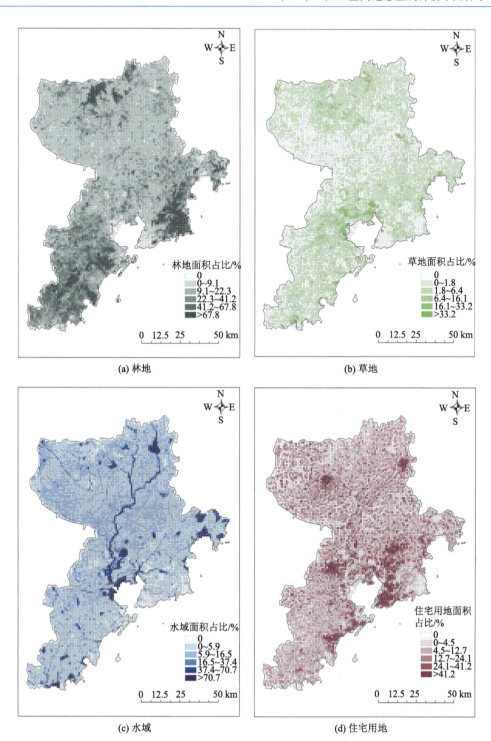

图 4-8 青岛市面数据格网化处理图

4.3.2 栅格数据的格网化处理

栅格数据的格网化处理主要涉及数据的升、降尺度问题。由于格网数据的格网边界与栅格的边界不完全重合，需要对栅格内像元数据进行重新分配。综合考虑格网化效率和处理精度，栅格数据格网化主要分为如下三种方式。

1. 栅格计数方式

栅格计数的方式是指根据格网的边界和栅格像元中心点的空间位置，将格网范围内的栅格单元进行计数求和，将结果赋给格网实现栅格数据的格网化。这种方式运算效率高，但是当格网大小与栅格像元尺度相近时，误差较大。因此，该方法仅适用于格网比栅格像元尺度大得多的情况。

2. 面积加权方式

解决格网尺度与栅格像元大小相近时的格网化问题，可以不利用格网中心位置进行计数，而是根据格网边界和栅格像元落在格网内的空间范围进行按面积加权，以格网内的像元面积百分比进行统计求和，将结果赋给格网实现栅格数据的格网化。这种方式精度较高，但是运算时需要计算栅格每个像元与格网的空间关系，因此运算效率低，时间成本较高。

3. 重采样方式

重采样的方式可以认为是以上两种方式的折中，当格网大小与栅格像元尺度相近时，先将栅格像元进行重采样到合适的尺度（满足格网比栅格像元尺度大得多的条件），生成新的栅格文件，然后利用栅格计数的方式进行格网化。这种方式避免了栅格像元与格网进行空间运算的大计算量问题，精度相对较高。

4.3.3 其他数据的格网化处理

空间数据的格网化处理基本可以参照栅格和矢量数据的格网化方法进行。对于其他非空间数据，一般需要进行预处理，先获得数据的地理空间位置，转为空间数据后进行格网化处理。

以人口统计数据为例，进行格网化的过程即人口统计数据空间化的过程。一般获得的人口统计数据均以行政区为单位，人口统计数据空间化，是基于人口空间分布模型或采用一定的计算方法，对人口统计数据在空间上进行离散化处理。

根据建模方法的差别，分为空间插值和回归建模两类（董南等，2016），其核心是利用土地利用、夜间灯光、公共服务设施等影响或表征人口空间分布的因子将统计人口进行离散化处理。其他统计数据格网化过程与统计人口空间化方法类似，主要是找到影响或表征数据空间分布的因子，然后利用权重将数据分配到格网上。

4.3.4　规则格网与不规则格网数据转换

在规则格网数据的基础上，可以对数据进行聚合得到不规则格网的数据。聚合时分为两类：第一类是数量指标，这类数据信息层级比较低，属于基础性指标，因此可以将不规则格网内的格网数据直接统计求和或平均运算，得到不规则格网的结果；第二类是密度、强度及其他经过复杂运算得到的指标，这类数据有的经过了模型的复杂运算，无法直接进行求和或平均运算。对于这类数据需要获取模型计算所需的基础性指标，将基础性指标求和或平均运算得到不规则格网数据后，再根据模型运算公式，在不规则格网内进行计算。

第5章　国土空间遥感监测与分析评价方法

从数据中获取信息的关键是采用科学、合理的分析评价方法。利用卫星遥感获取的地表要素、反演的定量参数以及其他辅助数据，需要借助科学的统计分析和数据挖掘方法，探究资源环境、社会经济等要素在宏观、中观和微观尺度的空间特性及关联作用，揭示空间分布格局、评估发展态势，形成科学有效的结论和观点，为管理决策提供依据和参考。本章介绍了国土空间遥感监测与分析的内容、指标体系及分析评价方法，可以作为遥感监测信息分析和知识挖掘的技术参考。

5.1　国土空间遥感监测与分析内容

国土空间遥感监测与分析的目标是利用卫星遥感等各类数据，通过分析评价，挖出信息、评出优劣、得出结论、找出问题、提出建议，获得有价值的信息和知识，支撑国土空间开发利用保护治理等工作。

由于国土空间的范围覆盖海陆空全域，对象包括山水林田湖草沙城，城市空间、农业空间、生态空间和其他空间等各类空间交互转移、复杂多变，在自然和人类文明不同的发展阶段，国土空间的状态和问题各有不同。因此，在遥感监测与分析内容方面，很难做到各类国土空间状态和变化的全覆盖。本节从国土空间监测对象和分析目标出发，梳理了国土空间监测与分析的 8 个专题方向，包括耕地资源、水资源、生态安全、空间治理、重大项目、城市发展、产业布局、灾害灾情。每个专题方向细分不同的分析角度以及监测与分析内容（表 5-1）。

表 5-1　国土空间遥感监测与分析内容

序号	方向	角度	监测与分析内容
1	耕地资源	耕地规模	空间分布、规模形态、资源承载、占用永久基本农田
		耕地产能	耕地类型、土壤条件、作物产量
		耕地利用	种植结构、农业主产区、占补平衡、退耕还林还草
2	水资源	水系格局	水域分布、水域变化、演变趋势
		水体水质	透明度、富营养化、污染源
		水源保护	冰川消融、植被涵养、资源利用
3	生态安全	生态红线	空间布局、地类结构、人类活动
		湿地保护	面积类型、空间分布、人类活动
		碳源碳汇	工业数量、空间分布、影响范围；森林覆盖、生物量
		生态服务	植被覆盖、生态退化、生态价值
4	空间治理	空间规划	规划基础数据、规划实施监督、实施效果评价
		集约节约	土地供应利用、用地效能、利用考核标准建议
		用途管制	用地预审、用途转用、增减挂钩、政策建议
		矿山开采	用地类型、地质灾害、恢复治理
		海岸海域	岸线开发、近海水质、海岛权益
5	重大项目	能源设施	能源类型、空间分布、设施安全
		水利工程	建设进度、工程安全、效益评估
		交通设施	资源占用、建设进度、连通联运、服务能力
		修复整治	工程进度、地类变化、实施成效
6	城市发展	城市规模	占地结构、空间形态、人城匹配、开发越界
		城市品质	用地格局、便利程度、安全程度、资源承载、景观生态
		城市群	设施互联互通、产业衔接协调、人口集聚均衡、资源优化配置
7	产业布局	产业规模	产业数量、空间格局、建设进度
		产业产能	产业类型、产能增减、产能转移
		产业影响	影响范围、用途转用、优化建议
8	灾害灾情	灾害应急	灾情发现、信息提取、风险评估、救援建议
		灾损评估	损毁面积、类型、强度、重建建议
		灾后重建	重建进度、恢复程度、规划符合性

5.2 分析评价指标体系

分析评价指标体系是表征国土空间状态和变化的核心。针对特定专题的分析内容，需要确定分析的对象、尺度、范围、频次等。本节主要介绍国土空间分析评价指标体系的类型和构建原则、方法等。针对已有的典型国土空间分析评价指标体系，逐一分析指标是否可以用遥感手段获取。

5.2.1 分析评价指标类型

一般来说，分析评价指标体系按照指标层级可以分为一级、二级、三级指标，通常三级指标颗粒度最细，二级指标是三级指标的综合，表达一项分析内容；一级指标是二级指标的综合，表达一个分析角度。按照指标的内容划分，可以分为基础性指标、专题性指标和综合性指标。基础性指标一般是指表达数量、形状、构成、变化等的指标，如绝对值（包括个数、面积、长度、高度等）、相对值（密度、占比、人均等）和变化值（变化量、变化率）。专题性指标一般是需要多个基础性指标的综合计算或者在基础性指标的基础上结合专业知识和行业专题资料，计算得到的能够综合反映某一分析内容的指标，如承载力、生态重要性、协调度、动态度等。综合性指标一般是在基础性指标和专题性指标的基础上，通过权重组合或复杂模型运算综合形成的因子或指数，如竞争力指数、健康指数、绿色发展指数等。

5.2.2 分析评价指标构建方法

分析评价指标的构建方法一般需要遵循两个原则：适用性原则和专业性原则。适用性原则是指有限的指标仅适用于特定的应用需求；专业性原则是指不同专题的应用目的需要专业的指标。

指标体系构建的步骤一般是：首先，确定分析专题，包括分析的对象、尺度和周期。其次，分解分析专题形成分析的角度，如要素类统计、符合性分析、适宜性评估等。最后，在分析角度的基础上，设计能够反映各分析角度的指标，形成指标体系。分析评价过程类似指标体系构建过程的逆过程，根据指标体系进行一级综合和二级综合，形成综合分析评价的信息、等级、问题及建议等。在构建指标体系的过程中需要同步考虑基础监测分析对象（如山水林田湖草沙城等），以及基础分析单元（包括规则格网和不规则格网等）（图 5-1）。

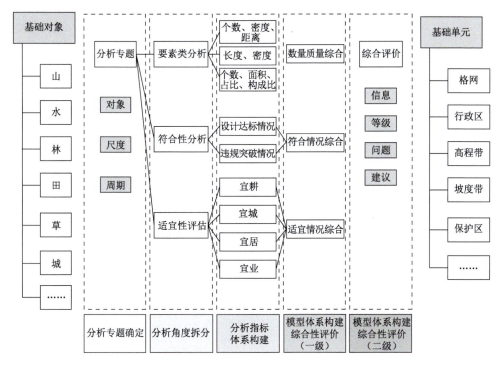

图 5-1　国土空间遥感监测分析指标体系构建概念图

5.2.3　典型国土空间分析评价指标体系

根据国土空间监测分析评价的需求，从业务应用和学术研究等多个角度形成了一些较为成熟的国土空间分析评价指标体系。本节列举几类已有的指标体系，并对指标是否可以用遥感手段获取进行分析。

1. 主体功能区遥感监测指标体系

根据《国务院关于印发全国主体功能区规划的通知》（国发〔2010〕46 号）中关于国家主体功能区指标体系的说明与规定，按照国土空间发展潜力、资源环境承载力和开发密度 3 类因素对国家主体功能区监测指标体系进行一级指标划分，包含了 9 个二级指标（表 5-2）（周艺等，2018）。

表 5-2　主体功能区遥感监测指标体系表

一级指标	二级指标	三级指标	可遥感计算
发展潜力	可利用土地资源	适宜建设面积	☆
		已有建设面积	★
		基本农田面积	★
	可利用水资源	本地可开发利用水资源	☆
		开发利用水资源量	×
		可开发利用入境水资源量	×
	环境容量	大气环境容量（SO_2）	×
		水环境容量（COD）	×
	自然灾害危险	洪涝灾害危险性	☆
		地质灾害危险性	☆
		地震灾害危险性	☆
		热带风暴潮灾害危险性	☆
资源环境承载力	生态系统脆弱性	土地沙漠化脆弱性	☆
		土壤侵蚀脆弱性	☆
		石漠化脆弱性	☆
		土壤盐渍化脆弱性	☆
	生态重要性	水源涵养重要性	☆
		土壤保持重要性	☆
		防风固沙重要性	☆
		生物多样性维护重要性	☆
		特殊生态系统重要性	☆
开发密度	人口集聚度	人口密度	×
		人口流动强度	×
	经济发展水平	人均 GDP	×
		GDP 增长率	×
	交通优势度	交通网络密度	★
		交通干线影响度	☆
		区位优势度	☆

　　注：本节内容中，表格中的符号含义如下：★指能用遥感方法计算的指标，☆指能用遥感方法获取部分参数的指标，×指无法用遥感方法计算的指标。下同。

2. 市县国土空间开发保护现状评估指标体系

根据《市县国土空间开发保护现状评估技术指南（试行）》（简称《技术指南》），按照安全、创新、协调、绿色、开放和共享维度，构建了市县国土空间开发保护现状评估指标体系，分为基本指标 28 个（表 5-3）和推荐指标 60 个（表 5-4）。《技术指南》中明确了各类指标计算采用的数据来源大多为国土调查数据以及发改、水利、统计等行业主管部门。但是从指标定义角度来分析，有些指标可以用遥感的手段进行获取和监测分析。

表 5-3　市县国土空间开发保护现状评估基本指标

编号	指标项	可遥感计算
	底线管控	
A-01	生态保护红线范围内建设用地面积/km²	☆
A-02	永久基本农田保护面积/km²	×
A-03	耕地保有量/km²	★
A-04	城乡建设用地面积/km²	★
A-05	森林覆盖率/%	★
A-06	湿地面积/km²	★
A-07	河湖水面率/%	★
A-08	水资源开发利用率/%	☆
A-09	自然岸线保有率/%	★
A-10	重要江河湖泊水功能区水质达标率/%	★
A-11	近岸海域水质优良（一、二类）比例/%	★
	结构效率	
A-12	人均应急避难场所面积/m²	×
A-13	道路网密度/（km/km²）	★
A-14	人均城镇建设用地面积/m²	☆
A-15	人均农村居民点用地面积/m²	☆
A-16	存量土地供应比例/%	×
A-17	每万元 GDP 地耗/m²	×

续表

编号	指标项	可遥感计算
	生活品质	
A-18	森林步行 15min 覆盖率/%	★
A-19	公园绿地、广场步行 5min 覆盖率/%	★
A-20	社区卫生医疗设施步行 15min 覆盖率/%	☆
A-21	社区中小学步行 15min 覆盖率/%	☆
A-22	社区体育设施步行 15min 覆盖率/%	☆
A-23	城镇人均住房建筑面积/m^2	☆
A-24	历史文化风貌保护面积/km^2	☆
A-25	消防救援 5min 可达覆盖率/%	×
A-26	每千名老年人拥有养老床位数/张	×
A-27	生活垃圾回收利用率/%	×
A-28	农村生活垃圾处理率/%	×

表 5-4   市县国土空间开发保护现状评估推荐指标

一级指标	二级指标	三级指标	可遥感计算
安全	底线管控	城镇开发边界范围内建设用地面积/km^2	★
		三线范围外建设用地面积/km^2	★
	粮食安全	高标准农田面积占比/%	☆
	水安全	地下水供水量占总供水量比例/%	×
		再生水利用率/%	×
		地下水水质优良比例/%	×
	防灾减灾	年平均地面沉降量/mm	★
		防洪堤防达标率/%	×
创新	创新投入产出	研究与试验发展经费投入强度/%	×
		万人发明专利拥有量/件	×
		科研用地占比/%	×
	创新环境	在校大学生数量/万人	×
		受过高等教育人员占比/%	×
		高新技术企业数量/家	×

续表

一级指标	二级指标	三级指标	可遥感计算
协调	城乡融合	户籍人口城镇化率/%	×
		常住人口城镇化率/%	×
		常住人口数量/万人	×
		实际服务人口数量/万人	×
		等级医院交通 30min 村庄覆盖率/%	×
		建制村等级公路通达率/%	☆
		农村自来水普及率/%	×
		城乡居民人均可支配收入比	×
	陆海统筹	海洋生产总值占 GDP 比重/%	×
	地上地下统筹	人均地下空间面积/m²	×
绿色	生态保护	生物多样性指数	×
		森林蓄积/亿 m³	★
		新增国土空间生态修复面积/km²	☆
	绿色生产	单位 GDP 二氧化碳排放降低/%	×
		每万元 GDP 能耗/吨标准煤	×
		每万元 GDP 水耗/m³	×
		工业用地地均增加值/（亿元/km²）	×
		年新增城市更新改造用地面积/km²	×
	绿色生活	原生垃圾填埋率/%	×
		绿色交通出行比例/%	×
		人均年用水量/m³	×
开放	网络联通	定期国际通航城市数量/个	×
		机场国内通航城市数量/个	×
	对外交往	国内旅游人数/（万人次/a）	×
		入境旅游人数/（万人次/a）	×
		外籍常住人口数量/万人	×
		机场年旅客吞吐量/万人次	×
		铁路年旅客运输量/万人次	×
		城市对外日均人流联系量/万人次	×
		国际会议、展览、体育赛事数量/次	×

续表

一级指标	二级指标	三级指标	可遥感计算
开放	对外贸易	港口年集装箱吞吐量/万标箱	×
		机场年货邮吞吐量/万 t	×
		对外贸易进出口总额/亿元	×
共享	宜居	年新增政策性住房占比/%	×
		人均公园绿地面积/m²	☆
		空气质量优良天数/d	×
		人均绿道长度/m	☆
		每万人拥有咖啡馆、茶舍、书吧等数量/个	×
		每 10 万人拥有的博物馆、图书馆、科技馆、艺术馆等文化艺术场馆数量/处	×
		轨道站点 800m 范围人口和岗位覆盖率/%	×
		足球场地设施步行 15min 覆盖率/%	☆
	宜养	平均每社区拥有老人日间照料中心数量/个	×
		万人拥有幼儿园班数/班	×
	宜业	城镇年新增就业人数/万人	×
		工作日平均通勤时间/min	×
		45min 通勤时间内居民占比/%	×

3. 国土空间规划城市体检评估指标体系

《国土空间规划城市体检评估规程》（TD/T 1063—2021）中按照安全、创新、协调、绿色、开放、共享将城市体检评估指标体系分为 6 个一级类，23 个二级类和 122 项指标，其中部分可以采用遥感手段获取（表 5-5）。

表 5-5 《国土空间规划城市体检评估规程》确定的指标体系

一级指标	二级指标	三级指标	可遥感计算
安全	水安全	人均年用水量/m³	×
		地下水水位/m	×
		重要江河湖泊水功能区水质达标率/%	★
		用水总量/亿 m³	×
		水资源开发利用率/%	×

续表

一级指标	二级指标	三级指标	可遥感计算
安全	水安全	湿地面积/km²	★
		河湖水面率/%	★
		地下水供水量占总供水量比例/%	×
		再生水利用率/%	×
	粮食安全	永久基本农田保护面积/万亩*	×
		耕地保有量/万亩	★
		高标准农田面积占比/%	☆
	生态安全	生态保护红线面积/km²	×
		生态保护红线范围内城乡建设用地面积/km²	★
	文化安全	历史文化保护线面积/km²	×
		自然和文化遗产/处	×
		破坏历史文化遗存本体及其环境事件数量/个	×
	城市韧性	人均应急避难场所面积/m²	×
		消防救援 5min 可达覆盖率/%	×
		城区透水表面占比/%	★
		城市内涝积水点数量/处	☆
		超高层建筑数量/幢	★
		综合减灾示范社区比例/%	×
		年平均地面沉降量/mm	★
		经过治理的地质灾害隐患点数量/处	×
		防洪堤防达标率/%	×
	规划管控	违法违规调整规划、用地用海等事件数量/件	×
创新	投入产出	社会劳动生产率/（万元/人）	×
		研究与试验发展经费投入强度/%	×
		万人发明专利拥有量/件	×
		高等学校数量/所	×
		每 10 万人中具有大学文化程度人口数量/人	×
	发展模式	闲置土地处置率/%	×
		存量土地供应比例/%	×

一级指标	二级指标	三级指标	可遥感计算
创新	发展模式	批而未供土地处置率/%	×
		新增城市更新改造用地面积/km²	×
		城乡工业用地占城乡建设用地的比例/%	×
		城乡居住用地占城乡建设用地的比例/%	×
		城乡职住用地比例（1：X）	×
		土地出让收入占政府预算收入比例/%	×
		城市建设用地综合地价/（元/m²）	×
		城区道路网密度/（km/km²）	★
	智慧城市	"统一平台"建设及应用的县级单元比例/%	×
协调	集聚集约	常住人口数量/万人	×
		实际服务管理人口数量/万人	×
		人口自然增长率/‰	×
		常住人口城镇化率/%	×
		城区常住人口密度/（万人/km²）	×
		建设用地总面积/km²	★
		城乡建设用地面积/km²	★
		城镇开发边界范围内城乡建设用地面积/km²	★
		城区建筑总量/亿 m²	★
		城区建筑密度/%	★
	城乡融合	人均城镇建设用地面积/m²	☆
		人均城镇住宅用地面积/m²	☆
		人均村庄建设用地面积/m²	☆
		等级医院交通 30min 行政村覆盖率/%	×
		行政村等级公路通达率/%	☆
		农村自来水普及率/%	×
		城乡居民人均可支配收入比/%	×
	陆海统筹	大陆自然海岸线保有率（自然岸线保有率）/%	★
		近岸海域水质优良（一、二类）比例/%	★
		海洋生产总值占 GDP 比例/%	×
	地上地下统筹	人均地下空间面积/m²	×

续表

一级指标	二级指标	三级指标	可遥感计算
绿色	生态保护	森林覆盖率/%	★
		森林蓄积量/亿 m³	★
		林地保有量/hm²	★
		草地面积/km²	★
		新增生态修复面积/km²	☆
		本地指示性物种种类/种	×
	绿色低碳生产	每万元 GDP 地耗/m²	×
		每万元 GDP 水耗/m³	×
		每万元 GDP 能耗/tce	×
		单位 GDP 二氧化碳排放降低比例/%	×
		分布式清洁能源设施覆盖面积/km²	×
		工业用地地均增加值/（亿元/km²）	×
		综合管廊长度/km	×
	绿色低碳生活	城镇生活垃圾回收利用率/%	×
		农村生活垃圾处理率/%	×
		绿色交通出行比例/%	×
		新建改建建筑中绿色建筑比例/%	×
开放	网络联通	定期国际通航城市数量/个	×
		定期国内通航城市数量/个	×
		1h 到达中心城市国际机场或干线机场的县级单元比例/%	×
	对外交往	城市对外日均人流联系量/万人次	×
		铁路年客运量/万人次	×
		机场年旅客吞吐量/万人次	×
		国内年旅游人数/（万人次/a）	×
		入境年旅游人数/（万人次/a）	×
		国际会议、展览、体育赛事数量/次	×
	对外贸易	机场年货邮吞吐量/万 t	×
		港口年集装箱吞吐量/万标箱	×
		对外贸易进出口总额/亿元	×

续表

一级指标	二级指标	三级指标	可遥感计算
共享	宜业	城镇年新增就业人数/万人	×
		工作日平均通勤时间/min	×
		45min 通勤时间内居民占比/%	×
		都市圈 1h 人口覆盖率/%	×
		轨道交通站点 800m 半径服务覆盖率/%	×
	宜居	15min 社区生活圈覆盖率/%	×
		社区卫生服务设施步行 15min 覆盖率/%	×
		每千人口医疗卫生机构床位数/张	×
		市区级医院 2km 覆盖率/%	×
		每万人拥有幼儿园班数/班	×
		社区小学步行 10min 覆盖率/%	×
		社区中学步行 15min 覆盖率/%	×
		每千名老年人养老床位数/张	×
		社区养老设施步行 5min 覆盖率/%	×
		殡葬用地面积/km²	×
		社区文化活动设施步行 15min 覆盖率/%	×
		菜市场（生鲜超市）步行 10min 覆盖率/%	×
		城镇人均住房面积/m²	☆
		年新增政策性住房占比/%	×
		公共租赁住房套数/套	×
	宜乐	社区体育设施步行 15min 覆盖率/%	×
		足球场地设施步行 15min 覆盖率/%	★
		每 10 万人拥有的博物馆、图书馆、科技馆、艺术馆等文化艺术场馆数量/处	×
		每万人拥有的咖啡馆、茶舍等数量/个	×
	宜游	公园绿地、广场步行 5min 覆盖率/%	★
		人均公园绿地面积/m²	☆
		人均绿道长度/m	☆
		森林步行 15min 覆盖率/%	★
		年空气质量优良天数/d	×

*1 亩 ≈ 666.67m²。

4. 可持续发展目标指标体系

2015 年 9 月,联合国可持续发展峰会通过《变革我们的世界——2030 年可持续发展议程》,提出了 17 项可持续发展目标(sustainable development goals,SDGs)及 169 项子目标。陈军等 (2019) 在深入理解联合国 2030 年可持续发展议程和中国国别方案的基础上,从德清县域实际情况出发,对联合国 SDGS 全球指标框架 SGIF、SDGS、Global Indicator Framework 的有关指标进行了本地化分析,形成了包含 102 个指标本地化 SDGs 指标集。其中 18 项指标涉及了地理空间数据,部分可以用遥感计算 (表 5-6)。

表 5-6　采用地理信息的 18 项 SDGs 指标

SDGs 编号	指标及名称	可遥感计算
1	可获得基本服务人口及比例	×
2	可持续农业面积在农业生产面积中的比例	×
3	基本保健服务的覆盖面	×
6	使用得到安全管理的环境卫生设施服务的人口比例	×
	涉水生态系统的空间范围变化程度	★
	典型湿地生态系统的健康状况	☆
9	居住在四季通行的道路 2km 以内的农村人口所占比例	☆
	道路密度	★
	交通基础设施情况	☆
11	可便利使用公共交通的人口比例	☆
	土地使用率与人口增长率之间的比率	☆
	城市建设区中供所有人使用的人均公共开放空间、绿地率及人均公园绿地	☆
15	森林面积占陆地总面积的比例	★
	保护区内生物多样性的重要场地占比	×
	实施可持续森林管理的进展	×
	已退化土地占土地总面积的比例	★
	保护区内山区生物多样性的重要场地占比	×
	山区植被覆盖度	★

5.3　分析评价方法

分析评价方法是进行信息加工的工具,是数据加工为信息和知识的关键。目前，国土空间分析评价方法主要是基于地理学、统计学等相关学科的理论和原理，以多元地理空间数据为输入，综合分析专题要素的空间分布格局和时间演化规律。本节主要介绍描述性统计分析、时空特征分析和综合评价模型等方法原理。

5.3.1 描述性统计分析方法

描述性统计分析方法主要用于描述测量样本及其所代表总体的基本特征，以及发现其数据的内在规律以选择进一步的分析方法（苏世亮等，2018）。主要包括数据的集中趋势分析、离散趋势分析、数据分布以及一些基本的统计图形特征。

1. 集中趋势

集中趋势是指一组数据或概率分布的某一数值或典型值，反映其中心点的所在。数据集中心点包括数值中心和位置中心两种，其中数值中心即平均值，包括算术平均值、几何平均值等；位置中心常用的指标包括中位数和众数。中位数是一组数据排序后处于中间位置上的变量值，若数据集有偶数个数据，通常取最中间的两个数值的平均数作为中位数。众数是数据集中出现最频繁的值，数据中心可能存在多个众数。描述集中趋势的三个指标各有其表征意义和特点，平均值是通过数据集中所有数据计算得到的，因此受到每一个数据变化的影响。中位数是通过排序得到的，它不受最大、最小两个极端数值的影响，部分数据的变动对中位数也没有影响。众数也不易受到极端数据的影响，反映数据集中最普遍的数值。

2. 离散趋势

常用的数据离散程度表示指标有极差、分位数、方差、标准差等。极差是最大值与最小值之差，极差越大，离散程度越大。极差反映的是一组数据变化范围的大小，不能反映其间的变量分布情况，且对极端值较为敏感。分位数是指将数据集按照概率分布范围分为几个等份的数值点，常用的有二分位数、四分位数、百分位数等。方差是各变量值与其平均值离差平方的平均值，表达了数据偏离平均值的程度，也表征了数据内部波动的程度。标准差是方差的平方根，是一组数据平均值分散程度的一种度量，标准差越大，表示大部分数值和其平均值之间差异越大；反之，标准差越小，表示这些数据越接近平均值。

3. 分布形态

数据的分布形态是对数据集中的数据进行图形化后呈现的形状，一般用偏度和峰度来表示。峰度系数描述数据中所有取值分布形态陡缓程度，其绝对值越大，表示分布形态的陡缓程度与正态分布的差异程度越大。峰度系数>0，则两侧极端数据较少，比正态分布更高更瘦，呈尖哨峰分布；峰度系数<0，则两侧极端数据较多，比正态分布更矮更胖，呈平阔峰分布。偏度是以正态分布为标准描述数据对称性的指标。偏度系数=0，则分布对称；偏度系数>0，则频数分布的高峰向左偏移，长尾向右延伸，呈正偏态分布；偏度系数<0，则频数分布的高峰向右偏移，长尾向左延伸，呈负偏态分布。

偏度 S 和峰度 K 的公式表示为

$$S = \frac{1}{n}\sum_{i=1}^{n}\left[\left(\frac{X_i - \mu}{\sigma}\right)^3\right] \tag{5-1}$$

$$K = \frac{1}{n}\sum_{i=1}^{n}\left[\left(\frac{X_i - \mu}{\sigma}\right)^4\right] \tag{5-2}$$

式中，μ 为数据的平均值；σ 为标准差；n 为数据集取值的数量。

4. 方向分布

数据的方向分布主要用标准差椭圆来描述，包括数据分布的狭长性和方向性。在数据分布的标准差椭圆中，长半轴表示的是数据分布的方向，短半轴表示的是数据分布的范围，扁率越大，表示数据的方向性越明显；反之，如果长短半轴越接近，表示方向性越不明显；当长短半轴完全相等时，即为圆形，表示没有任何方向特征。

5. 距离特征

距离是两个实体或物体的间距，受空间维度、方向和特殊属性的限制。距离特征反映的是两个实体之间的远近亲疏程度。根据不同的应用场景，距离的类型包括欧氏距离、曼哈顿距离、切比雪夫距离、闵可夫斯基距离等。

6. 关联特征

关联特征反映的是两个或多个要素之间的关联关系。常用的关联特征分析方法为相关分析和回归分析。相关分析是研究两个或两个以上变量之间的相关关系的统计分析方法，常用相关系数来表示变量之间相关性的强弱。回归分析是根据实验结果以及以往的经验，建立统计模型，借助回归函数近似表示两个或以上变量之间统计规律的方法。按照变量的多少分为一元回归分析和多元回归分析；按照变量之间的关系类型，分为线性回归分析和非线性回归分析。

5.3.2　空间特征分析方法

空间分析是利用具有空间坐标或相对位置的数据分析和提取空间数据中隐含的空间信息的理论和方法，是对地理空间现象的定量研究。通过空间特征分析，可以掌握数据在空间上的组合、排列、彼此间的相互关系。空间分析是地理空间数据分析中最常用的分析方法之一。

1. 基本空间分析

基本空间分析是将具有空间属性的数据简单处理后即可开展的初步分析，如缓冲区分析、叠加分析和网络分析等。

缓冲区分析是利用点、线、面等矢量要素目标数据，确定要素目标的服务范围或影响范围的方法。通过确定要素目标的地理位置和范围，按照服务范围或影响范围自动建立其周围邻域范围内多边形图层，然后将该图层与目标图层叠加，进行分析得到所需结果。例如，在已知公交站点位置的基础上，要确定公交站点周围500m居住用地的面积时，可以以公交站点为中心，向外计算500m的直线距离（或步行距离、行车距离等）形成的圆形（或不规则形状）区域面积。

叠加分析是在统一的地理空间坐标系统基础上，通过两个或多个图层进行集合运算，得到新的图层结果的过程。其目标是对在空间位置上有一定关联的空间对象进行加工或分析，提取所需的空间几何信息，产生新的属性关系（邬伦等，2001）。根据要素目标矢量数据类型的不同，可分为点与点、点与线、点与面、线与线、线与面、面与面的叠加分析。根据集合运算形式不同，叠加分析包括求并集（图层合并）、求交集（图层叠加）、求补集（图层擦除）等。

网络分析是通过建立网络拓扑关系，分析网络节点、连线、属性数据之间的关系，并对网络结构及其资源等的优化问题进行研究的一种空间分析方法。例如，在建立区域交通路网拓扑关系的基础上，可以分析出发地和目的地之间的最短（最优）路径。

2. 空间聚类

空间聚类是将一组地理空间数据对象按照相似性和差异性，分为不同的"聚类"组的方法。其将数据划分为 k 个分区，每个分区表示一个簇。同一个簇中的样本尽可能接近或相似，不同簇中的样本尽可能远离或不相似。以样本间的距离作为相似性度量。常用的空间聚类方法包括基于划分的聚类、基于层次的聚类、基于密度的聚类和基于格网的聚类等。

（1） K 均值聚类是一种基于划分的聚类方法，其步骤是：①根据用户指定的 K 类，随机选取 K 个中心点。②遍历数据集中的每个点，计算每个点与中心点的距离，距离哪个中心点近就归并到哪一类中，形成初始版的 K 类数据。③把属于一类的点取平均值，得到的平均值作为新的中心点。④不断重复上述两个步骤，直到中心点不再变动或达到最大迭代次数为止。K 均值聚类方法简单，容易实现，但是 K 值需要人为设定，也就需要前期对数据情况有比较好的了解。算法对中心点比较敏感，不同中心点的选择方案，结果可能不一样，并且当数据量大时收敛速度可能会比较慢。

（2）基于层次的聚类是将数据对象分配到一个层次结构中，所有待聚类对象有两种处理策略：向上聚合和向下分裂。向上聚合是将每一个对象看作独立的分组，然后从整个层次结构的底层开始对相似的分组进行聚合，逐层递归至顶层，或满足某个终止条件。相反，向下分裂是把所有的数据对象看作同一个分组，然后从整个层次结构的顶层开始，对具有不同特征的分组进行分裂，逐层递归至底层，或满足某个终止条件。

（3）DBSCAN（density-based spatial clustering of applications with noise）是典型的基于密度的聚类算法。它将簇定义为密度相连的点的最大集合，其核心思想是先发现密度较高的点，然后把相近的高密度点逐步连成一片，进而生成各种簇。该算法的优点是可以自动决定簇的数量，不需要人为设定。其对于密度不均匀的数据集效果不好。

（4）基于格网的聚类原理是将数据涉及的空间范围划分为格网单元，将数据对象映射到格网单元中，并计算每个单元的密度。根据预设阈值来判断每个格网单元是不是高密度单元，合并相邻稠密的格网单元组成簇。其优点是执行效率高，但是无法处理不规则分布的数据。

3. 空间插值

空间插值是空间上离散点数据转换为连续面数据的过程，基本原理是使用函数关系式逼近已知的空间数据，从而推求区域范围内的其他任意点的值。空间插值方法分为确定性插值方法和地统计插值方法两类。确定性插值方法是基于实测数据的相似性程度或平滑程度，利用科学函数进行插值。地统计插值方法是利用实测数据的统计特性量化自相关程度，生成插值面并预测不确定性。

4. 空间自相关分析

地理数据受空间相互作用和空间扩散的影响，彼此之间可能不完全相互独立。空间自相关衡量某位置上的数据与其他位置上的数据间的相互依赖程度，表征地理要素和属性值在空间上的相关性（Anselin，1988）。常用的空间自相关分析指标包括 Moran's *I*、Geary's *C*、Getis' *G* 等（Cliff and Ord，1981）（表 5-7）。

表 5-7　空间自相关分析指标

指数	计算方法	说明
Moran's *I*	$I = \dfrac{n}{\sum\limits_{i=1}^{n}(y_i - \bar{y})^2} \times \dfrac{\sum\limits_{i=1}^{n}\sum\limits_{j=1}^{n}W_{ij}(y_i - \bar{y})(y_j - \bar{y})}{\sum\limits_{i=1}^{n}\sum\limits_{j=1}^{n}W_{ij}}$ 式中，*n* 为研究区域内面积单元总数；y_i、y_j 为第 *i*、*j* 个面积单元上观测值；W_{ij} 为协方差（下同）	Moran's *I* 指数的变化范围是[−1,1]，如果空间过程不相关，则 *I* 的期望值接近 0；当 *I* 取负值时，表示负自相关，否则表示正自相关
Geary's *C*	$C = \dfrac{(n-1)\sum\limits_{i=1}^{n}\sum\limits_{j=1}^{n}W_{ij}(y_i - y_j)^2}{2(\sum\limits_{i=1}^{n}\sum\limits_{j \neq i}W_{ij})\sum\limits_{i=1}^{n}(y_i - \bar{y})^2}$	*C* 是非负的，完全空间随机过程的期望值 *C*=1，当相似的值聚集时，*C* 趋向于 0；当不聚集时，*C* 趋向于 2
Getis' *G*	$G_i(d) = \dfrac{\sum\limits_{j}^{n}W_{ij}(d) \times x_j}{\sum\limits_{j=1}^{n}x_j}, j \neq i$	根据一定距离阈值划分，对每个区域的取值进行分析，得出每个区域在整个研究空间上的分布状态，*G* 值越大越表明该区域为热点区域

5. 景观格局分析

景观格局是地理要素在空间上的排列和组合，包括景观组成单元的数量、类型及空间分布与配置，其既是景观异质性的具体体现，也是各种生态过程在不同尺度上作用的结果。景观格局分析一般采用指数法，通过计算各指数分析景观格局特点。常用的景观指数包括斑块特征指数、斑块形状指数、景观异质性指数等（刘铁冬，2011；龚文峰，2007；范莉，2006；Forman，1995；史文中，2013）（表 5-8）。

表 5-8　景观格局分析指标

指标名称		说明	计算方法
斑块特征指数	斑块平均面积	景观总面积与景观中斑块数量的比值，用于表征景观破碎化的程度	$\text{MPS} = \dfrac{A_{\text{all}}}{N_{\text{patch}}}$ 式中，A_{all} 为景观总面积；N_{patch} 为斑块总数量
	斑块类型面积百分比	某一类型斑块面积占整个景观面积的比例，用以评价某一类型斑块出现的频率	$\text{PLAND} = \dfrac{A_{\text{p}}}{A_{\text{all}}}$ 式中，A_{p} 为某类斑块的面积；A_{all} 为景观总面积
	景观斑块密度	斑块总数量与景观总面积的比值，用于表征整个景观的斑块密度	$\text{PD} = \dfrac{N_{\text{patch}}}{A_{\text{all}}}$ 式中，A_{all} 为景观总面积；N_{patch} 为斑块总数量
斑块形状指数	形状指数	基于周长与面积比描述斑块形状复杂程度的指标	$\text{SHAPE} = \dfrac{0.25L}{\sqrt{A_{\text{all}}}}$ 式中，L 为景观边界长度；A_{all} 表示景观总面积
	分维数	不规则几何形状的非整数维数，反映斑块形状的复杂性	$\text{DLFD} = 2 \cdot \ln\left(\dfrac{L}{4}\right) / \ln\left(A_{\text{all}}\right)$ 式中，L 为景观边界长度；A_{all} 为景观总面积
景观异质性指数	边缘密度	单位面积上异质景观要素斑块间的边缘长度	$\text{ED} = \dfrac{1}{A_{\text{all}}} \sum\limits_{i=1}^{N_{\text{patch}}} \sum\limits_{j=1}^{N_{\text{patch}}} P_{ij}$ 式中，A_{all} 为景观总面积；N_{patch} 为斑块总数量；P_{ij} 为景观中相邻两类斑块 i 和 j 的边界长度
	景观多样性指数	景观元素或生态系统在结构、功能以及时间变化上的多样性	$\text{SHDI} = -\sum\limits_{i=1}^{N_{\text{patch}}} \text{PN}_i \cdot \ln\left(\text{PN}_i\right)$ 式中，N_{patch} 为斑块总数量；PN_i 为斑块类型出现的概率
	景观均匀度指数	各斑块分布的均匀程度	$\text{SHEI} = \dfrac{\text{HV}}{\text{HV}_{\text{max}}} \cdot 100\%$ 式中，HV 为多样性指数；HV_{max} 为多样性指数最大值
	景观优势度	用于测度景观空间格局构成中景观类型占支配地位的程度	$D = \text{HV}_{\text{max}} + \sum\limits_{i=1}^{N_{\text{patch}}} \text{PN}_i \cdot \ln\left(\text{PN}_i\right)$ 式中，HV_{max} 为多样性指数最大值；N_{patch} 为斑块总数量；PN_i 为斑块类型出现的概率

5.3.3　时间序列分析

时间序列是同一分析指标的数值按其发生的时间先后顺序排列而成的序列。按所研究对象的元素数量分为一元时间序列和多元时间序列；按时间的连续性分为离散时间序列和连续时间序列；按序列的统计特性分为平稳时间序列和非平稳时间序列；按季节分为季节性时间序列和非季节性时间序列。

国土空间分析中涉及的地表要素变化大多与时间关联，按照遥感监测的时间分为年度、季度、月度等不同时间尺度。时间序列分析的目的：一是摸清数据的历史变化规律；二是根据历史规律对未来进行预测。

时间序列的构成要素包括长期趋势、季节变动、循环趋势和不规则变动。长期趋势是指要素的变化在较长时期内受某种决定性因素作用而形成的总体变动趋势。季节变动表示要素变化在一年内随季节发生的有规律的周期性变动。循环趋势，也称为周期性，表示地表要素变化以若干年为周期呈现出有规律的变动。不规则变动，也称为随机性，表示一种无规律可循的变动。时间序列分析的一项主要内容就是把这些构成要素从时间序列中分离出来，并将它们之间的关系用一定的数学关系式予以表达，而后分别进行分析。常用的时间序列模型包括叠加模型和乘积模型。如果变化波动保持恒定，则可以直接使用叠加模型。若上述四种要素之间是相互独立的关系，变化波动保持恒定，可以使用叠加模型表示；若四种要素之间变动相互影响，随着时间的推移，序列的季节波动越来越大，说明各种变动的关系发生变化，则可以考虑使用乘积模型。如果不存在季节波动，则两种模型均可。

5.3.4　时空模拟分析

时空模拟分析是对具有时间属性的地理空间数据进行综合分析预测的方法，包括空间马尔可夫链、元胞自动机、土地利用变化及其效应模型等。模型能够根据各类要素长期或短期的变化特征，建立地理要素变化特征与经济社会发展、气候变化等的重要联系，探索其内在变化规律，分析其发展趋势。

1. 空间马尔可夫链模型

马尔可夫链预测是基于概率论中的马尔可夫链理论研究随机事件的变化规律，并借此预测未来变化趋势（朱敏等，2000）。马尔可夫链过程是时间序列上的随机模型，是处理复杂系统的有效方法。引入空间滞后算子来考虑要素在区域背景中的空间转移概率以进行空间维扩展，将传统马尔可夫链模型转化为空间马尔可夫链模型。

$$\text{Spatial}_{P_{ik}} = \frac{P_{ik} \times \log_{ik}}{\sum\limits_{k=1}^{K} P_{ik} \times \log_{ik}} \qquad (5\text{-}3)$$

式中，$\text{Spatial}_{P_{ik}}$ 为区域单元 i 下一刻转化为 k 类型的最终概率；P_{ik} 为传统马尔可夫链模型转移概率；$\log_{ik}$ 为区域单元 i 的区域背景为 k 的概率；k 为变量离散类型数。空间马尔可夫链模型既能反映监测要素在多年中的数量变化，也能描述其变化的空间特征。

2. 元胞自动机模型

元胞自动机是一种时间、空间、状态都离散，空间相互作用和时间因果关系为局部的格网动力学模型，具有模拟复杂系统时空演化过程的能力。元胞自动机模型增强了地理信息系统（GIS）的时空动态建模功能，它在地理学应用中可以用来预测和模拟复杂的地理过程。元胞自动机通常包含四个要素：元胞、状态、邻域和转换规则，可用一个四元组表示（杜宁睿和邓冰，2001）。

$$A = (L_d, S, N, f) \qquad (5\text{-}4)$$

式中，A 为一个元胞自动机；L_d 为元胞空间，d 为元胞空间维数；S 为元胞的有限状态集；N 为一个元胞的邻居集合；f: $S_n \to S$。

3. 土地利用变化及其效应模型

土地利用变化及其效应（CLUE）模型与其改进的小尺度土地利用变化及其效应（CLUE-S）模型是经验-统计模型的代表（Verburg et al.，2002）。CLUE 模型通过量化土地利用与社会、经济、人口、政策等驱动因子之间的关系，综合分析土地利用变化的多尺度动态模型。通过土地利用类型转换驱动力、土地利用需求和土地利用转换系数三个方面的分析综合获得土地利用空间类型的分配。在动态模拟不同土地利用类型竞争关系的基础上，确定土地利用变化的时空分布，模拟土地利用发展的趋势。CLUE-S 模型是对 CLUE 模型的发展和改进，能够模拟多种同时发生的土地利用方式变化，既借助土地覆盖变化空间动力机制模拟近期土地覆盖变化的时空特征，还考虑了不同土地利用类型之间的竞争关系。

5.3.5　综合评价方法

综合评价是在指标体系的基础上，将多个指标转化为一个能够反映综合情况的指标来进行评价。一般是根据指标的重要性或者其与目标的相关性进行加权处理。综合评价指标通常不具有具体含义，而是以指数或者分值的形式表示综合状况。在指标体系构建的基础上，综合评价的重点是确定各指标的权重，目前常用的方法可以分为主观法和客观法两类，其中，主观法包括专家打分法、层次分析法等，客观法包括变异系数法、熵权法等。

1. 专家打分法

专家打分法是指通过征询领域内专家确定各指标的权重的方法。一般步骤是：①根据分析指标体系和评价对象，确定领域内的专家。②设计评价分析对象的征询意见表，包括各类指标相关性或重要性的分级分值体系。③向专家提供分析评价的背景、需求、分析评价的目的、指标含义、计算方式等资料，征询专家对于各指标的权重意见。④汇总专家意见，确定初步指标权重方案。⑤将权重方案反馈专家修正自己的意见。⑥经过多轮次征询和意见反馈，形成最终的权重设置方案。

专家打分需要注意以下几点：一是选择的专家需要熟悉分析评价对象和领域，且权威性高、代表性强；二是需要进行多个轮次的专家意见征询，最终能够尽量形成一致意见，若多个轮次后仍无法趋于合理的结果，需要慎重使用专家打分法确定权重。

专家打分法简单易行、直观性强、权重计算方法简单、灵活度大，并且能够适用于定量和定性的各类指标。但是该方法依赖于征询专家知识，容易形成主观性偏差，影响最终结果。

2. 层次分析法

层次分析法（analytic hierarchy process，AHP）是一种结合了定性与定量分析方法的综合性评价方法。它是将一个复杂的多目标决策问题作为整个系统，将目标分解为多个目标或准则，形成多层次和多因素的结构，然后比较判断每一层次两两指标之间的重要程度，最终确定各个准则的权重。

层次分析法的步骤包括：①建立层次结构模型，将决策的目标、准则等分为最高层、中间层和最底层，绘制层次结构图。②构造判断矩阵，将因素两两相互比较，按重要程度评定等级，形成判断矩阵。③进行层次单排序及其一致性检验。

④进行层次总排序及其一致性检验，最终得到不同指标的权重。

层次分析法是一种系统性的分析方法，每个因素对结果的影响都是量化的，非常清晰明确，但是两两因素重要性或者相关性的比较仍然较大程度取决于人为因素，最终结果的主观性较强。

3. 变异系数法

变异系数又称"标准差率"，定义为标准差与平均值的比值。当进行多个因素变异程度的比较时，采用变异系数来消除单位差异对因素变异程度比较的影响。由变异系数法计算各评价指标的权重可以表示为

$$CV = \frac{\delta}{\mu} \tag{5-5}$$

式中，CV 为变异系数；δ 为标准差；μ 为平均值。

$$\omega_i = \frac{CV_i}{\sum_{i=1}^{m} CV_i} \tag{5-6}$$

式中，ω_i 为第 i 项指标的权重；CV_i 为第 i 项指标的变异系数；m 为指标的个数。

变异系数法是根据统计学方法计算出系统各指标变化程度的方法，变化差异大的指标权重较大，变化差异小的指标权重小，能够客观反映指标的变化信息。但是，变异系数法中当指标的平均值接近于 0 时，可能微小的变化会引起巨大的影响，从而导致整个结果具有较大的不确定性。

4. 熵权法

熵权法的核心是计算指标的熵值。其核心思想是，用熵值来判断某个指标的离散程度，熵值越小，指标的离散程度越大，该指标对综合评价的影响（即权重）就越大；反之，若某项指标的值全部相等，则该指标在综合评价中不起作用。因此，可利用信息熵计算出各个指标的权重。相较于层次分析法等主观法来说，熵权法确定的权重较为客观，可以有效避免主观赋权随机性和人为因素干扰等问题。熵权法计算步骤如下。

（1）原始数据标准化。正向指标和负向指标的计算公式分别为

$$z_{ij} = (x_{ij} - \overline{x}) / s_j \tag{5-7}$$

$$z_{ij} = (\overline{x} - x_{ij}) / s_j \qquad\qquad （5\text{-}8）$$

式中，x_{ij} 为第 i 个样本、第 j 项指标的原始数值；z_{ij} 为标准化后的指标值；$\overline{x}$ 和 s_j 分别为第 j 项指标的平均值和标准差。

（2）指标同度量化。将各指标同度量化，计算第 j 项指标下，第 i 个样本占该指标的比重（p_{ij}）为

$$p_{ij} = Z_{ij} / \sum_{i=1}^{n} Z_{ij}, \quad p_{ij} \geqslant 0 \qquad\qquad （5\text{-}9）$$

（3）计算第 j 项指标熵值（e_j）：

$$e_j = -k \sum_{i=1}^{n} p_{ij} \ln p_{ij} \qquad\qquad （5\text{-}10）$$

式中，$k = 1 / \ln n$。

（4）计算第 j 项指标的差异系数（g_j）：

$$g_j = 1 - e_j \qquad\qquad （5\text{-}11）$$

（5）对差异系数归一化，计算第 j 项指标的权重：

$$w_j = g_j / \sum_{j=1}^{n} g_j \qquad\qquad （5\text{-}12）$$

应用与实践

　　下篇应用与实践主要介绍利用国土空间卫星遥感监测与评价的数据和技术方法开展的典型应用案例。全国风力发电设施遥感监测与分析应用案例中，发挥卫星遥感技术全面客观的技术优势，利用 2m 级高分辨率卫星遥感影像实现全国范围的风电设施智能提取和变化检测，分析风力发电设施总体分布、年度变化、用地类型以及设施与自然条件的匹配性，评估全国风力发电设施的建设潜力。城市空间扩张遥感监测与综合分析应用案例中，利用长时序卫星遥感监测信息挖掘演变规律的优势，以全国 8 个城市群为分析对象，利用近 15 年的长时序监测数据，分析城市群扩张情况及扩张模式，并以上海市为例分析城市扩张与人、地、产之间的关系。城市交通网络遥感监测与分析应用案例中，基于遥感提取的火车站、机场、路网等要素分析主要城市多式联运、京津冀交通状况、城市交通服务能力。基于多源遥感数据的城市宜居性分析评价应用案例中，利用卫星遥感多传感器数据形成的数量、质量、生态一体化监测能力，构建了以遥感提取的各类要素、反演的参量为主要数据源的评价指标体系，针对武汉和宜宾两个城市开展了宜居性评价。典型用地控制指标遥感监测与分析应用案例中，通过遥感提取的建筑、绿地、停车场等专题要素信息，分析了工业项目建设用地控制指标和高速公路服务区土地利用效率，支撑了用地控制指标的论证决策。长江经济带经济发展遥感监测与分析应用案例中，以与人类活动直接相关的夜光遥感数据为主要数据源，从宏观尺度分析了长江经济带近 30 年人口、GDP 的时空变化，研究了长江经济带各省市经济发展与煤炭资源、水资源消耗的关联性，并分析了各省市经济发展的重心变化。青岛市自然资源卫星遥感监测与综合分析应用案例中，以青岛市全域地表全要素变化监测成果为基础，结合社会经济资料等，开展了青岛市地表要素变化、重大工程进度、社会经济发展等多个专题的分析。

第 6 章　全国风力发电设施遥感监测与分析

在诸多能源方式中，风能、太阳能属于清洁能源，并且含量巨大。近年来，风电、光伏产业发展迅猛，风力发电和光伏发电设施数量倍增。与此同时，超大面域的土地占用，部分地区违规建设风力、光伏发电设施，造成土地资源扰动，极大影响了生态系统稳定性。此外，我国的经济活动与风能、太阳能发电的产业项目设置存在"不平衡不匹配"现象，适宜建设的西部地区，因电量消纳及远距离存储输送等瓶颈，出现了"弃风弃光"现象，导致了大量资源浪费；而东南部地区限于自然条件，风力发电和光伏发电设施产业化不足，制约了当地可再生能源的规模化发展。

为了实现"碳达峰、碳中和"目标，需要降低化石燃料的消费比例，加快调整能源结构，推进风能、太阳能等清洁能源的开发利用，实现能源的转型与变革。国家能源局、自然资源部等相关部门连续颁布了多项重要通知和规定，要求重视并网消纳过程中的"弃风"问题，规范项目建设用地认定等工作，全面监测项目实施过程，正确引导投资，杜绝项目违规占用土地资源，提高风能、太阳能利用效率。

为全面、快速掌握全国风能发电设施状况，支撑"碳达峰、碳中和"目标的稳步推进及自然资源开发利用等业务管理工作，利用全国高分辨率卫星遥感影像，提取了覆盖全国陆域范围的风力发电设施，监测了年度变化，并分析了风力发电设施空间格局、年度变化、用地类型以及设施分布与自然条件的匹配性，评估了全国风力发电设施的建设潜力，为国家可再生能源设施有效监管和制定相关政策提供了数据基础与技术支撑。

6.1 数据与方法

6.1.1 数据资料

利用 2019 年度和 2020 年度资源三号、高分一号等 2m 分辨率的卫星影像数据处理得到 2019 年度和 2020 年度全国高分辨率无缝覆盖真彩色正射影像一版图（简称一版图），用于采集典型区域风电设施遥感智能解译样本，提取 2019 年和 2020 年两期全国风力发电设施空间位置数据，分析风力发电设施的空间分布和年度变化。收集的 30m 分辨率土地利用数据、全国气象站点观测的气象资料和地形数据等用于分析风电设施的用地类型以及设施分布与自然条件的匹配性，评估风电设施建设潜力。

6.1.2 技术方法

资源三号、高分一号等 2m 级分辨率的高分辨率卫星遥感影像，经正射纠正、拼接融合、匀光匀色形成了 2019 年度和 2020 年度一版图，自动提取风力发电设施，并开展人工核查编辑和质量控制，得到全国范围风力发电设施空间位置数据。将风电设施点位与土地利用数据叠加分析，统计风力发电设施的用地类型；将其与风速数据和地形数据叠加，分析风力发电设施与风能资源和地形条件的匹配性；综合可建设土地资源、气象资料等数据，并考虑单位面积的设施建设容量以及已建设施密度等因素，构建了风力发电设施建设潜力评估模型，以分析全国范围不同区域风力发电设施的建设潜力。

6.2 总体分布及年度变化

2019 年，全国范围共提取风力发电设施点位 11.8 万个，内蒙古、新疆和河北的风力发电设施数量位居全国前三，分别占全国总数量的 18.1%、10.2% 和 8.4%。宁夏、河北和山东的风力发电设施密度位居全国前三。其中，宁夏风力发电设施密度达到 898 个/万 km²（图 6-1 和图 6-2）。

2020 年全国范围共提取风力发电设施 13.2 万个，其中，陆地范围的风力发电设施占总量的 98.3%，海域范围的风力发电设施占总量的 1.7%。内蒙古、新疆和河北的风力发电设施数量仍位居全国前三，分别占全国总量的 16.5%、9.4% 和 8.4%（图 6-3）。

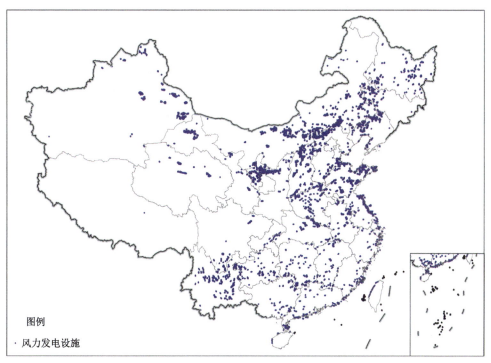

图 6-1　2019 年全国风力发电设施分布图

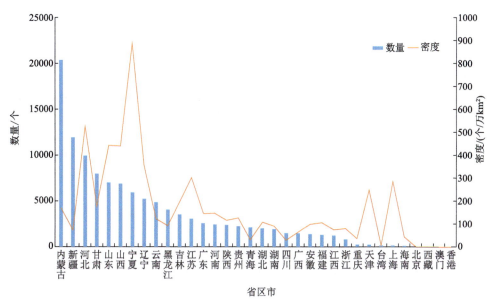

图 6-2　2019 年全国各省区市风力发电设施数量及密度图

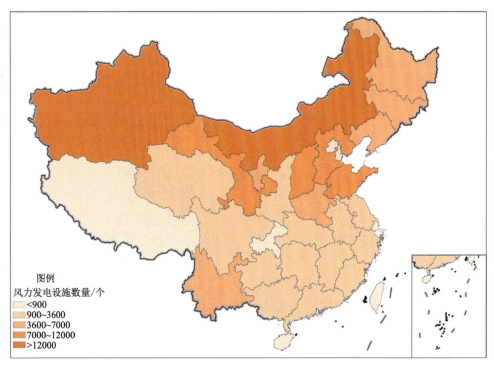

图 6-3　2020 年全国风力发电设施空间分布图

　　2020 年全国新增风力发电设施 1.4 万个，增长率约 12%。其中，陆地范围内新增数量占全国总增长量的 92.1%；风力发电设施数量增长较多的省区是河南、内蒙古、山西、河北、青海和山东，均在千台以上，此 6 省区的增长量占全国总增长量的 52.3%；对比 2019 年各省区市数据，2020 年新增风力发电设施较多的是河南和青海，增长率分别为 65.5% 和 51.2%，详见图 6-4。

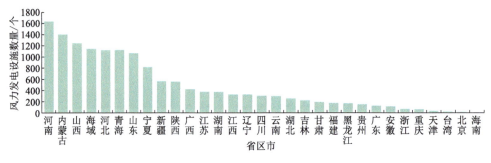

图 6-4　2020 年全国（含海域，不含香港、澳门、上海及西藏）风力发电设施变化统计柱状图

6.3 用地类型分析

2019年全国风力发电设施地表覆盖类型以草地、林地、未利用地、耕地、建设用地等为主。建设在草地、林地、未利用地和耕地等地表覆盖类型上的风力发电设施最多，占全国风力发电设施总量的93.9%。其中，占用草地的风力发电设施数量最多，占全国风力发电设施总量的34.0%；其次是林地、未利用地和耕地，分别占全国风力发电设施总量的24.3%、18.3%和17.3%（图6-5）。

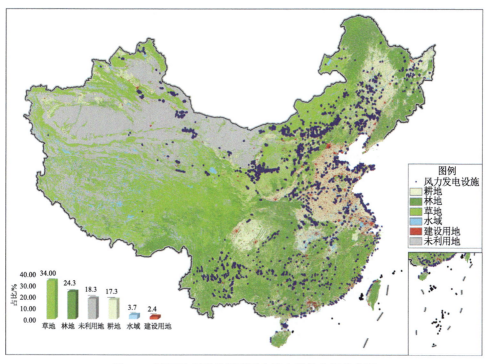

图6-5 不同地表覆盖类型风力发电设施空间分布图

2020年新增风力发电设施用地类型以耕地、林地、草地为主。耕地占用最多，占全国陆地范围内新增总量的31.7%。在耕地占用方面，风力发电设施总量排名前三的分别是河南、山东、河北，共占耕地范围内风力发电设施增长量的64.2%。其次是草地，占全国陆地范围内新增总量的30.0%，主要分布在内蒙古、宁夏和青海，共占草地范围内风力发电设施增长量的55.4%。再次是林地，占全国陆地范围内新增总量的24.9%，在林地占用方面，山西风力发电设施新增最多，占林地范围内风力发电设施总增长量的21.9%。比较各省区市内新增风力发电设施占地情况，天津、河南、山东三省市以占用耕地为主，分别为 78.6%、74.7%、72.7%；内蒙古、宁夏、四川、青海以占用草地为主，分别为 84.3%、65.7%、49.3%、45.2%；重庆、湖北、湖南、广东、江西、广西六省区市以占用林地为主，其中重庆、湖北最高，分别为 96.3%、84.7%。

在陆域范围内拆除的风力发电设施中，建设在林地上的风力发电设施拆除数量较大，占全国总拆除量的 49.3%，其中云南、山东拆除最多，分别占林地范围内风力发电设施总拆除量的 90.8%。其次是草地，占全国总拆除量的 25.7%，其中山东拆除数量最多，占草地范围内风力发电设施总拆除量的 50.0%。建设在耕地的风力发电设施的拆除量仅占全国风力发电设施总拆除量的 1.4%。

6.4 自然条件匹配性分析

6.4.1 风力发电设施与风能资源匹配性分析

通过将风力发电设施与全国年平均风速数据进行叠置分析（因缺乏海上风速数据，海上风电设施不在统计范围内）发现，我国风力发电设施集中建设在年平均风速 3 级以上的区域，占全国总量的 89.6%；在年平均风速 4～5 级区域内的风力发电设施数量最多，占全国总量的 57.0%，主要分布在黑龙江、吉林、辽宁、内蒙古、新疆、甘肃、河北、山西；在年平均风速 3～4 级区域内的数量占全国总量的 31.8%；在风速 1～3 级的风能相对贫瘠区域内，风力发电设施数量占全国总量的 9.3%，主要集中在云南、贵州南部、四川、湖南西部等地（图 6-6）。

6.4.2 风力发电设施与地形条件的匹配性分析

我国风力发电设施建设区域以平原和高原平坦地区为主。根据地形高程信息，按照自然断点法进行分级统计，位于高程 1037～1954m 的风力发电设施最多，占全国总量的 46.1%，主要分布于华北地区、西北地区的新疆和甘肃、西南地区的四川和贵州以及华中地区的湖南等；其次是位于高程 265m 以下的平原地区，占全国总量的 22.4%，主要分布于东北平原、华北平原、长江中下游及沿海各省市（表 6-1）。

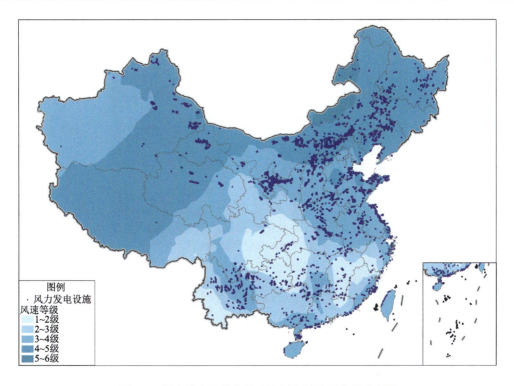

图 6-6　风力发电设施与风能资源空间叠置分析示意图

表 6-1　不同高程区间中风力发电设施数量统计表

序号	高程区间/m	占比/%
1	1037～1954	46.1
2	0～265	22.4
3	265～1037	17.5
4	1954～2601	7.2
5	2601～3600	4.6
6	≤0	2.1
7	>3600	0.1

　　根据不同地形条件的风力发电设施的空间分布特点，风力发电机可以分为线性分布、聚类分布和混合分布三种（图 6-7）。

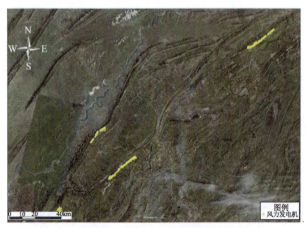

(a) 风力发电机线性分布遥感影像图

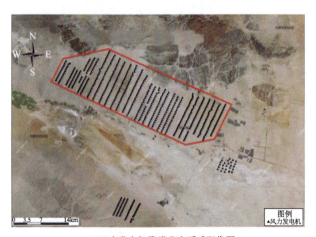

(b) 风力发电机聚类分布遥感影像图

图 6-7　线性分布和聚类分布的风力发电设施

6.5　建设潜力评估

　　综合考虑建设风力发电设施的土地资源、适宜建设的气象条件、单位面积设施建设容量以及已有设施占用等因素，构建了风力发电设施建设潜力评估模型。

　　首先，在全国范围内构建大小为 4′（约 8km）的 GeoSOT 格网。统计每个格网内未利用地等可作为风力发电设施建设的地类面积；按照风力发电设施建设平均密度，扣除已建区域面积，将结果作为建设资源适宜性等级值，按照等级大小分为 5 级，分别赋值 1～5，越适宜则等级越高，数值也越高。其次，将全国年平均风速作为气象条件适宜性等级值，按照大小分为 5 级，分别赋值 1～5；格网内的风力发电设施建设潜力 P 可以用下式表示：

$$P_i = \left[\sqrt{R_i \times B_i} \right] \tag{6-1}$$

式中，P_i 为风力发电设施建设潜力；R_i 为建设资源适宜性等级值；B_i 为气象条件适宜性等级值；$[\cdots]$ 为四舍五入取整运算符；i 为格网编号。计算得到全国风力发电设施建设潜力分布图，如图 6-8 所示。共分为 5 个等级，1 级表示建设潜力最低，5 级表示建设潜力最高。

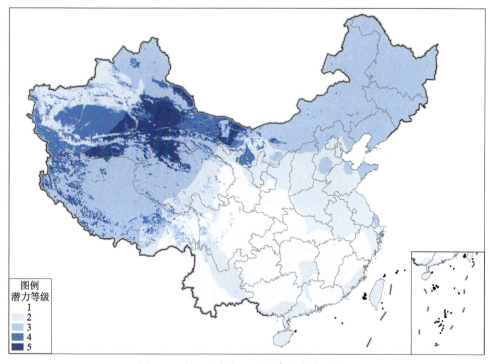

图 6-8　全国风力发电设施建设潜力分布图

　　从全国风力发电设施建设潜力分布来看，我国风力发电设施建设潜力较高的区域均位于西部地区，如新疆东南部、内蒙古西部、青海北部等地；东北地区也有大片建设潜力相对较高的区域；而秦岭—淮河以南的地区，整体风力发电设施建设潜力等级较低。需要说明的是，按照生态保护红线管理的相关要求，生态保护红线范围内限制建设风力发电设施，但上述分析过程暂未考虑生态保护红线的管控因素。

6.6 本 章 总 结

　　利用 2019 年度和 2020 年度的高分辨率卫星遥感影像，实现了两期全国范围风力发电设施的提取，掌握了全国风力发电设施的空间布局和年度变化，对风力发电设施用地类型、自然条件匹配性以及建设潜力等问题进行了分析评价。该项工作一是摸清了全国风力发电设施的数量、分布情况，并且实现了全国范围风力发电设施的变化检测，动态掌握了风力发电设施的消长情况，叠加风力发电设施的型号等属性信息可以方便地估算区域和全国的风力发电量，为地方评估和规划"双碳"目标路径提供支撑。二是利用提取的风电设施点位信息，叠加 30m 土地利用数据，分析了风力发电设施的占地类型。三是分析了全国风力发电设施的建设适宜性和潜力，可为地方政府布局风电设施、为风电企业开发风能资源提供数据支撑。

　　随着高分辨率卫星遥感影像获取能力、数据处理能力的不断提高，利用风力发电设施自动提取模型，可以实现全国季度和区域月度的高频次动态监测，为风电设施建设进度跟踪和全生命周期监管提供技术支撑。

第7章　城市空间扩张遥感监测与综合分析

　　城市扩张是城市化进程在空间上的突出特征之一。掌握城市空间扩张的时空特征及长时序演变规律对于城市空间优化布局和治理具有重要意义。在城市化浪潮背景下，经济、人口在城市区域的集聚推动了城市地域空间的不断扩张。近年来，我国城市人口规模呈现快速扩张趋势。根据国家发展和改革委员会公布消息，我国 2021 年末的常住人口城镇化率达到 64.72%。快速的城镇化进程在吸引大量人口进城、解决就业岗位、创造更高生产力的同时，也带来了诸如交通拥堵、住房紧张、能源紧缺、环境污染、"上学难""就医难"等一系列"城市病"。部分城市甚至出现盲目圈地扩张、城市规模无序增长的乱象，严重阻碍了城市可持续发展。

　　由多个城市形成的城市群是实施区域协调发展战略的重要抓手。2018年，《中共中央　国务院关于建立更加有效的区域协调发展新机制的意见》提出，建立以中心城市引领城市群发展、城市群带动区域发展新模式，推动区域板块之间融合互动发展。然而，我国区域发展不平衡不充分问题依然突出，城市群内部、城市群之间的发展机制仍不完善。因此，把握长期以来城市群发展时空特征规律对于深入探讨区域发展模式、破解区域分化难题具有重要意义。

　　为了摸清城市扩张和城市群历史发展演变规律，掌握其空间形态特征，本章以京津冀、长三角、珠三角、成渝、长江中游、辽中南、山东半岛和海峡西岸等 8 个城市群为研究对象，基于国产卫星遥感影像数据，识别提取城市集中建设区边界，开展城市群的空间扩张分析。同时，以上海市为研究对象，结合手机信令、企业工商注册信息等多源社会经济大数据，开展城市空间扩张人口绩效和产业绩效分析，总结空间扩张"地-人-产"协同模式，为城市高质量发展提供信息支撑。

7.1 数据与方法

7.1.1 数据资料

城市集中建设区边界采用 Landsat、高分一号等卫星遥感影像数据，通过人工目视解译的方法提取得到，共包含 2005 年、2010 年和 2018 年三期。这里提取的城市集中建设区是指卫星遥感影像上呈现城市建设用地特征的集中连片区域。社会经济大数据主要包括手机信令数据、企业工商注册信息数据等。其中，手机信令数据基于运营商基站获取匿名化处理后的用户定位信息，结合大数据模型算法，获取居住、就业、旅游等各类人群时空分布及流动特征；企业工商注册信息数据来源于启信宝网站，包含企业统一社会信用代码、企业注册地、注册时间等方面的信息。研究对象 8 个城市群基本信息如表 7-1 所示。

表 7-1 8 个城市群基本信息

序号	城市群名称	战略定位	主要城市
1	京津冀	以首都为核心的世界级城市群、区域整体协同发展改革引领区、全国创新驱动经济增长新引擎、生态修复环境改善示范区	北京、天津、石家庄、唐山、保定、秦皇岛、廊坊、沧州、承德、张家口、衡水、邯郸、邢台
2	长三角	最具经济活力的资源配置中心，具有全球影响力的科技创新高地，全球重要的现代服务业和先进制造业中心，亚太地区重要的国际门户，全国新一轮改革开放排头兵，美丽中国建设示范区	上海、南京、无锡、常州、苏州、盐城、扬州、镇江、泰州、杭州、宁波、嘉兴、湖州、绍兴、金华、舟山、台州、合肥、芜湖、蚌埠、马鞍山、铜陵、安庆、滁州、池州
3	珠三角	建设成为更具活力的经济区、宜居宜业宜游的优质生活圈和内地与港澳深度合作的示范区，打造国际一流湾区和世界级城市群	广州、深圳、佛山、东莞、中山、珠海、惠州、江门、肇庆、阳江、汕尾、清远、韶关、云浮、茂名
4	成渝	全国重要的现代产业基地，西部创新驱动先导区，内陆开放型经济战略高地，统筹城乡发展示范区，美丽中国的先行区	重庆、成都、自贡、泸州、遂宁、内江、乐山、眉山、宜宾、广安、资阳、绵阳、达州、雅安
5	长江中游	中国经济新增长极，中西部新型城镇化先行区，内陆开放合作示范区，"两型"社会建设引领区	武汉、黄石、鄂州、黄冈、孝感、咸宁、荆州、长沙、株洲、湘潭、岳阳、益阳、常德、衡阳、娄底、南昌、景德镇、鹰潭、新余、宜春、萍乡、上饶

续表

序号	城市群名称	战略定位	主要城市
6	辽中南	工业化起步已近 70 年，在工业化推动下形成了中部城市密集圈和沈大城市走廊。逐步形成了以沈阳、大连为中心，以长大、沈丹、沈山、沈吉和沈承五条交通干道为发展轴线的城镇布局体系，提高了地区城市化水平	沈阳、大连、鞍山、本溪、丹东、辽阳、营口、盘锦
7	山东半岛	山东省发展的重点区域，是中国北方重要的城市密集区之一，是黄河中下游广大腹地的出海口，同时又是距离韩国、日本地理位置最近的地区，地处我国环渤海区域	济南、青岛、烟台、淄博、潍坊、东营、威海
8	海峡西岸	与台湾隔海相对，既是开展对台合作、促进和平统一的基地，又可在合作中加快发展。加快海峡西岸经济区建设，将进一步促进海峡两岸经济紧密联系，互利共赢	福州、厦门、泉州、莆田、漳州、三明、宁德、龙岩、温州、汕头、潮州、揭阳

7.1.2 技术方法

利用城市集中建设区边界分析 8 个城市群扩张的时空特征及扩张模式，采用指标包括扩张规模、扩张速率、扩张强度、空间扩张人口绩效和空间扩张产业绩效等，各指标的含义、计算方法见表 7-2。

表 7-2 城市空间扩张指标及计算方法

指标名称	指标含义	计算方法
扩张规模	城市集中建设区用地扩张面积的年均增长量，用以表征城市空间扩张规模趋势	时段内扩张面积÷时段内年份差
扩张速率	城市集中建设区用地扩张面积的年增长速率，用以表征城市扩张快慢	时段内扩张面积÷（时段内年份差×基期年份的城市集中建设区总面积）
扩张强度	用各空间单元的区域总面积对其年均城市扩张规模进行标准化处理，使不同时期城市集中建设区扩张具有可比性	时段内扩张面积÷（时段内年份差×基期年份的行政区总面积）
空间扩张人口绩效	扩张范围内的现状人口密度，评估扩张区对于居住、就业人口的承载情况	期末年份的人口数÷时段内扩张面积
空间扩张产业绩效	扩张区单位面积在扩张时期新增注册企业密度，评估扩张区对于产业的支撑情况	时段内新增注册企业数÷时段内扩张面积

7.2 空间扩张总体特征

2005～2018 年，我国 8 个城市群城市集中建设区净增长面积占区域总面积的比例由 3.5%增长到 6.5%，扩张为 2005 年的 1.9 倍。城市用地增加有减缓的趋势，2005～2010 年和 2010～2018 年扩张速率由 7.9%减小到 4.3%，扩张强度由 0.28%减小到 0.21%，8 个城市群 13 年平均扩张强度为 0.23%。8 个城市群扩张强度如图 7-1 所示。

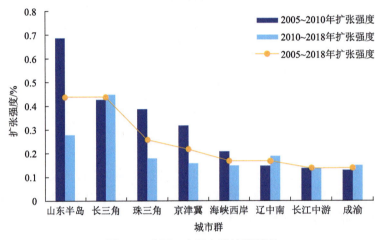

图 7-1 我国 8 个城市群扩张强度

从各城市群内部来看，2005～2018 年，扩张规模最大的城市群依次为长三角城市群、京津冀城市群、珠三角城市群；扩张速率最大的城市群依次为成渝城市群、长江中游城市群、长三角城市群，三个城市群的城市集中建设区分别扩张至 2005 年的 3.4 倍、2.2 倍、1.9 倍。扩张强度最大的依次为山东半岛城市群、长三角城市群以及珠三角城市群。

城市群已经成为我国城市空间扩张和城市化的重要载体。其中，长三角城市群、长江中游城市群和成渝城市群作为长江经济带的重要组成部分，近 20 年来，成为我国区域发展的重要增长极，实现了空间扩张总量、扩张速率和扩张强度的同步升级。长三角城市群在我国 8 个城市群中，在扩张规模上遥遥领先，在扩张速率和扩张强度上均处于第二名的位置。长江中游城市群和成渝城市群扩张速率位于前三甲，扩张规模仅次于长三角、京津冀和珠三角。我国 8 个城市群扩张速率如图 7-2 所示。

图 7-2　我国 8 个城市群扩张速率

7.2.1　京津冀城市群

2005～2018 年，京津冀城市群的城市集中建设区面积占整个城市群面积的百分比由 3.9%增长到 6.7%，扩张为 2005 年的 1.72 倍。2005～2010 年和 2010～2018 年，扩张速率由 8.2%减少到了 2.9%，扩张强度由 0.32%减少到了 0.16%。京津冀城市群扩张范围如图 7-3 所示。

从扩张速率来看，2005～2018 年，北京扩张速率在京津冀城市群中处于较低水平。北京在 2005 年已具备规模较大的城市集中建设区与较高的建设强度，城市开始从向外扩张转为城内挖潜发展，扩张速率放缓。天津、唐山、沧州、廊坊等地，依托渤海湾以及邻近北京的重要区位资源，经济产业发展快速，在 2005～2010 年扩张速率较高。相比于 2005～2010 年，京津冀核心城市在 2010～2018 年扩张速率大幅降低，经历过快速扩张后，在土地资源集约节约和生态保护等相关政策下，城市扩张开始减缓。张家口、承德等位于京津冀地区边缘的城市，在 2010～2018 年城市扩张速率开始抬升。

从扩张强度来看，2005～2018 年，城市扩张强度最大的为天津、北京、唐山和廊坊，其均处于京津冀城市群核心区域。同时，2010～2018 年相比于 2005～2010 年，城市扩张强度开始减缓。对于地处城市群边缘地带的城市，在京津冀协同发展的推动下，衡水、秦皇岛、邢台、张家口 2010～2018 年较 2005～2010 年其城市扩张强度呈上升的趋势。京津冀城市群各城市扩张速率与扩张强度如图 7-4 所示。

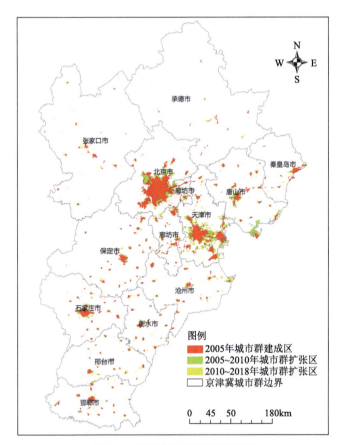

图 7-3 京津冀城市群扩张范围

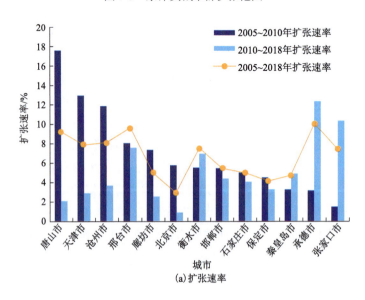

(a)扩张速率

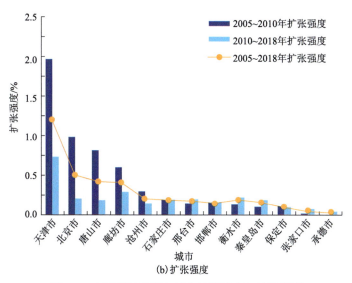

图 7-4　京津冀城市群各城市扩张速率与扩张强度

7.2.2 长三角城市群

2005～2018 年，长三角城市群的城市用地面积占整个城市群面积的百分比由 6.4%增长到 12.2%，扩张为 2005 年的 1.9 倍。2005～2010 年和 2010～2018 年扩张速率由 6.7%减少到了 5.3%，扩张强度由 0.43%提高到了 0.45%，长三角城市群 13 年来平均扩张强度为 0.44%。长三角城市群扩张范围如图 7-5 所示（因数据缺失，统计分析不包括南通市）。

从扩张速率上看，核心城市上海、杭州、南京、苏州等地 2005～2018 年城市扩张速率在整个城市群中较小，且 2005～2010 年和 2010～2018 年处于减小或相对稳定的趋势。而盐城、安庆、池州等地 2005～2018 年扩张速率最大，由于 2005 年基期城市规模较小，且处于城市群边缘地区，此阶段正面临城市土地的快速扩张。

从扩张强度上看，上海扩张强度一枝独秀，明显高于其他城市。上海土地资源相对缺乏，同时作为我国国际经济、金融、贸易、航运、科技创新中心，一直保持着强烈的城市扩张需求。此外，苏州、无锡、常州、嘉兴、镇江等地作为上海城市腹地，扩张强度也相对较高。长三角城市群各城市扩张速率与扩张强度如图 7-6 所示。

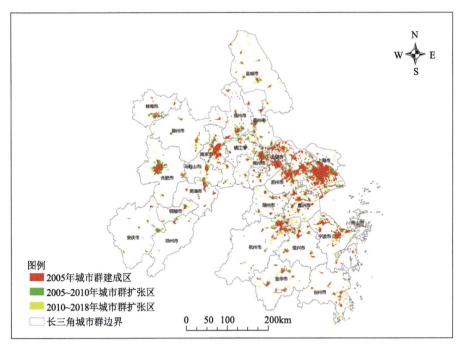

图 7-5　长三角城市群扩张范围

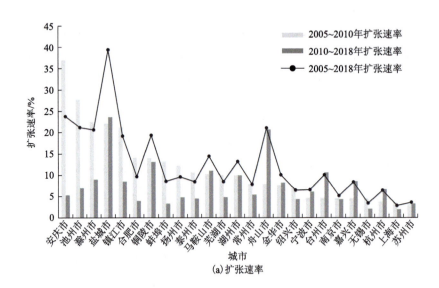

(a)扩张速率

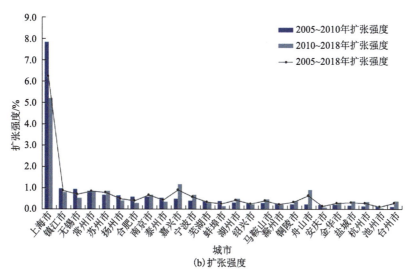

图 7-6　长三角城市群各城市扩张速率与扩张强度

7.2.3　珠三角城市群

2005～2018 年，珠三角城市群的城市用地面积占整个城市群面积的百分比由 5.1%增长到 8.5%，扩张为 2005 年的 1.7 倍。2005～2010 年和 2010～2018 年扩张速率由 7.6%减少到了 2.5%，扩张强度由 0.39%下降到了 0.18%，珠三角城市群 13 年来平均扩张强度为 0.26%。珠三角城市群空间扩张范围如图 7-7 所示。

从扩张速率上看，云浮、阳江、韶关、清远、肇庆等地处珠三角外围的城市，受到核心城市经济发展溢出效应的影响，2005～2018 年的扩张速率最快。珠三角的核心城市（包括深圳、东莞、广州、佛山、中山）从 2005～2010 年到 2010～2018 年扩张速率不断降低。

从扩张强度上看，东莞、佛山、中山、珠海位于海湾沿岸的城市扩张强度最高，与珠三角一体化不断加深等政策有关。其中，除珠海从 2005～2010 年到 2010～2018 年扩张强度逐渐增长外，其余城市扩张强度均放缓。珠海城市扩张强度的增强与 2009 年横琴岛纳入珠海经济特区范围有关。东莞、佛山和中山在经历过 2005～2010 年的快速扩张后，城市转而向内生提质增效的方向上发展。珠三角城市群各城市扩张速率与扩张强度如图 7-8 所示。

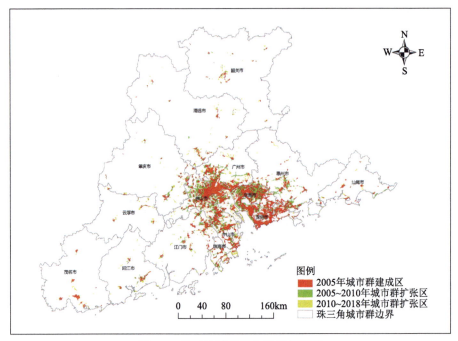

图 7-7 珠三角城市群空间扩张范围

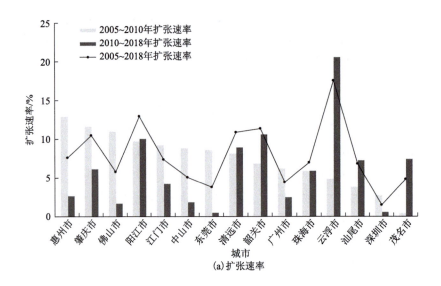

(a)扩张速率

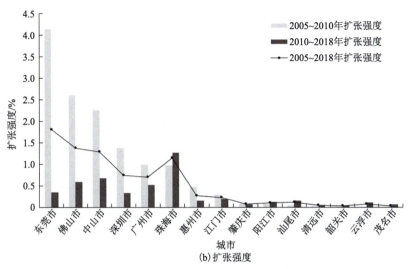

图 7-8　珠三角城市群各城市扩张速率与扩张强度

7.2.4　成渝城市群

2005～2018 年，成渝城市群的城市用地面积占整个城市群面积的百分比由 0.7%增长到 2.5%，扩张为 2005 年的 3.6 倍。2005～2010 年和 2010～2018 年扩张速率由 16.8%减少到了 10.7%；扩张强度由 0.13%提高到了 0.15%，成渝城市群 13 年来平均扩张强度为 0.14%。成渝城市群空间扩张范围如图 7-9 所示。

从扩张速率上看，2005～2018 年，成渝城市群城市集中建设区范围不断扩大，其中重庆和资阳保持较高扩张速率。由于第三产业的快速上涨和投资的增加，重庆在 2005～2018 年迅速扩张。资阳区位条件优越，随着渝蓉高速公路等重要交通设施的完工，其成为成渝城市群内重要交通次级枢纽，在 2005～2018 年空间扩张显著。从 2005～2010 年到 2010～2018 年，以成都和重庆为主的城市集中建设区规模较大的城市扩张速率下降。

从扩张强度上看，成都保持突出的高强度扩张水平，其他城市也显示出扩张强度上升趋势。成都在 2005～2018 年的扩张强度为 0.63，位居成渝城市群之首，兼具我国西部经济中心以及综合交通枢纽功能，地处于西部大开发、长江经济带等战略交叠位置，使得成都在近年建设过程中迅速扩张。成渝城市群各城市扩张速率与扩张强度如图 7-10 所示。

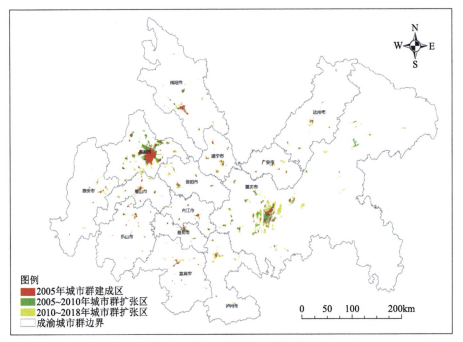

图 7-9　成渝城市群空间扩张范围

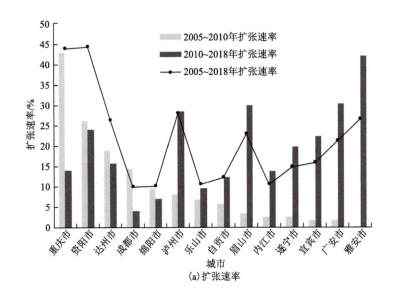

(a)扩张速率

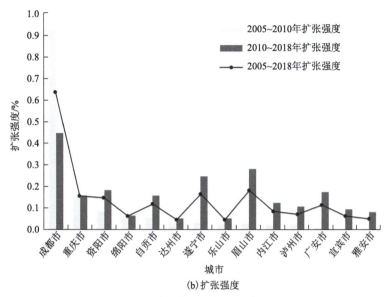

图 7-10　成渝城市群各城市扩张速率与扩张强度

7.2.5　长江中游城市群

2005～2018 年，长江中游城市群的城市用地面积占整个城市群面积的百分比由 1.5%增长到 3.4%，扩张为 2005 年的 2.27 倍。2005～2010 年和 2010～2018 年扩张速率由 9.5%减少到了 6.4%；长江中游城市群 13 年来平均扩张强度为 0.14%。长江中游城市群空间扩张范围如图 7-11 所示。

从扩张速率上看，鄂州在 2005～2018 年扩张速率最快，其次是毗邻武汉的黄冈、咸宁和孝感。地处相对边缘位置的常德、荆州、娄底、萍乡、益阳、株洲、衡阳等城市，从 2005～2010 年到 2010～2018 年，扩张速率上涨，其余城市扩张速率变化不大或放缓。

从扩张强度上看，长江中游城市群中的核心城市武汉扩张强度最大，南昌、鄂州次之。武汉的扩张强度在 2005～2010 年和 2010～2018 年期间保持在 0.74 和 0.72，国家政策引导、外商的投资、高新产业成功落地等因素促使武汉高强度扩张。长江中游城市群各城市扩张速率与扩张强度如图 7-12 所示。

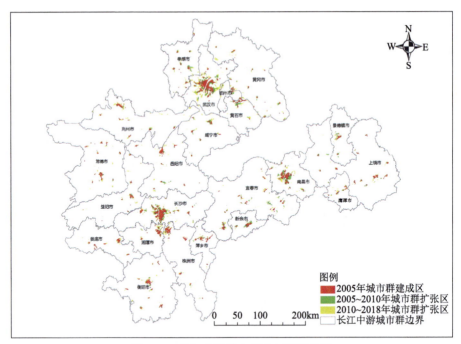

图 7-11　长江中游城市群空间扩张范围

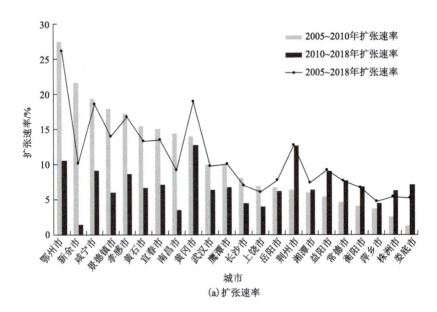

(a)扩张速率

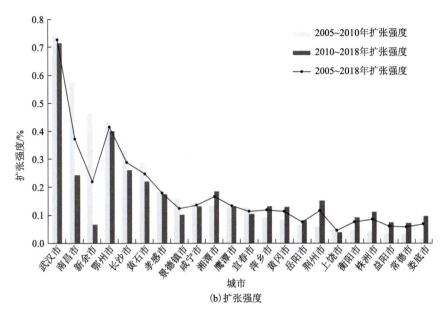

图 7-12　长江中游城市群各城市扩张速率与扩张强度

7.2.6　辽中南城市群

2005～2018 年，辽中南城市群的城市用地面积占整个城市群面积的百分比由 3.3%增长到 5.5%，扩张为 2005 年的 1.67 倍。2005～2010 年和 2010～2018 年扩张速率由 4.4%增加到了 4.8%，扩张强度由 0.15%提高到了 0.19%，辽中南城市群 13 年来平均扩张强度为 0.17%。辽中南城市群空间扩张范围如图 7-13 所示。

从扩张速率上看，营口、盘锦和丹东在 2005～2018 年扩张速率最快。其中营口、盘锦背靠渤海湾沿岸且在辽中南两大核心城市沈阳和大连的交通连线上，扩张速率在 2005～2010 年和 2010～2018 年保持稳定快速增长。2005～2010 年和 2010～2018 年，除丹东和辽阳扩张速率减少外，其他城市均为上升趋势。

从扩张强度上看，营口和盘锦扩张强度最高，其次为沈阳和大连。营口和盘锦扩张强度由 2005～2010 年的 0.33%和 0.28%增长到 2010～2018 年的 0.54%和 0.44%。沈阳和大连在 2005～2010 年和 2010～2018 年保持了相对稳定的扩张强度。在沈阳和大连协同发展的带动效应下，地处两市交通干道上的营口、盘锦、鞍山、辽阳等城市在 2005～2018 年城市扩张强度较高。辽中南城市群各城市扩张速率与扩张强度如图 7-14 所示。

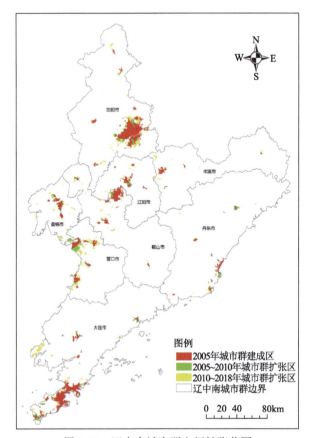

图7-13　辽中南城市群空间扩张范围

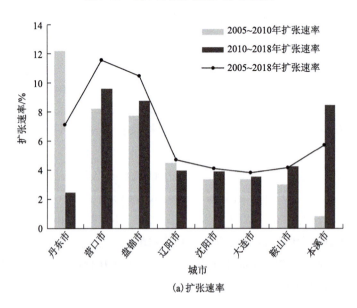

(a)扩张速率

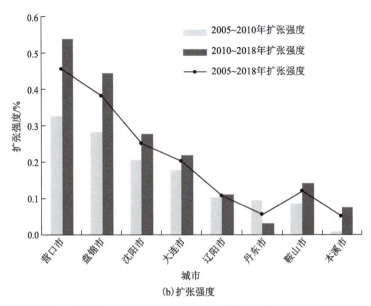

图 7-14　辽中南城市群各城市扩张速率与扩张强度

7.2.7　山东半岛城市群

　　2005～2018 年，山东半岛城市群的城市集中建设区用地面积占整个城市群面积的百分比由 7.9%增长到 13.6%，扩张为 2005 年的 1.72 倍。2005～2010 年和 2010～2018 年扩张速率由 8.7%减少到了 2.5%，扩张强度由 0.69%下降到了 0.28%，山东半岛城市群 13 年来平均扩张强度为 0.44%。山东半岛城市群空间扩张范围如图 7-15 所示。

　　从扩张速率上看，青岛和威海在 2005～2010 年扩张速率最高，分别达到 20.52%和 14.27%。青岛和威海作为山东省港口城市，在政策推动和外资引入的作用下，城市扩张速度快速提升。此外，城市群所有城市均体现出在两时段间扩张放缓的趋势。

　　从扩张强度上看，青岛的扩张强度在 2005～2018 年位居山东半岛之首，其作为港口城市拥有优渥的区位条件，在政策推动和外资引入作用下加速了城市扩张。各城市扩张强度均在 2005～2010 年到 2010～2018 年呈下降趋势，其中青岛强度减缓显著。山东半岛城市群各城市扩张速率与扩张强度如图 7-16 所示。

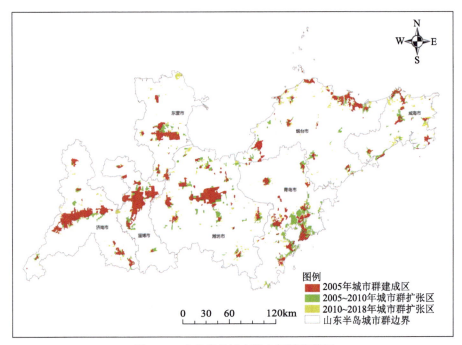

图 7-15　山东半岛城市群空间扩张范围

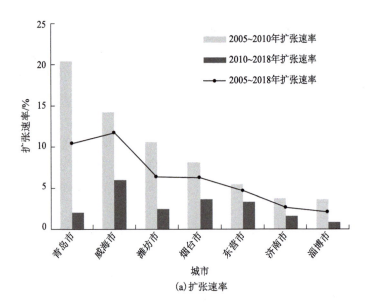

(a)扩张速率

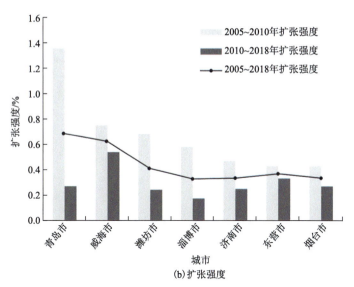

图 7-16　山东半岛城市群各城市扩张速率与扩张强度

7.2.8　海峡西岸城市群

2005～2018 年，海峡西岸城市群的城市用地面积占整个城市群面积的百分比由 3.2%增长到 5.5%，扩张为 2005 年的 1.7 倍。2005～2010 年和 2010～2018 年扩张速率由 6.6%减少到了 3.4%，扩张强度由 0.21%减少到了 0.15%，海峡西岸城市群 13 年来平均扩张强度为 0.17%。海峡西岸城市群空间扩张范围如图 7-17 所示。

从扩张速率上看，2005～2018 年，海峡西岸城市群城市集中建设区不断扩大，其中莆田扩张速率最快，其次是揭阳和漳州。由于非农业人口的涌入与外资的增长，莆田城市建设用地在此期间快速扩张。而揭阳和漳州依托着海峡西岸城市群中经济发展的核心城市在短时间内也得到了迅速扩张。

从扩张强度上看，厦门扩张强度最高，位居海峡西岸城市群之首，在 2005～2010 年和 2010～2018 年扩张强度分别为 1.28%和 0.73%。厦门作为对外开放的港口城市，2005～2018 年社会经济的快速发展加速了厦门的城市化进程，同时城镇常住人口的数量逐步提高和大量外商投资的引进更加促进了城市的扩张。海峡西岸城市群各城市扩张速率与扩张强度如图 7-18 所示。

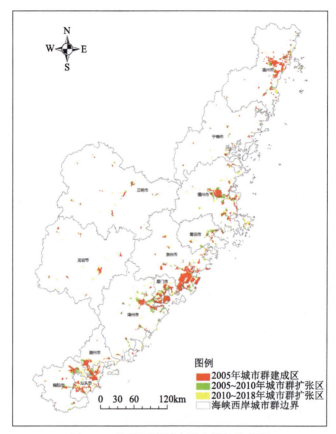

图 7-17　海峡西岸城市群空间扩张范围

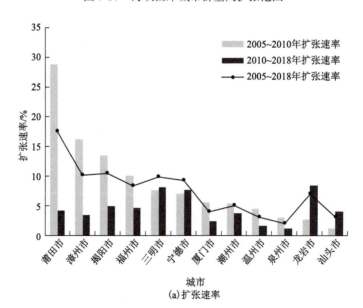

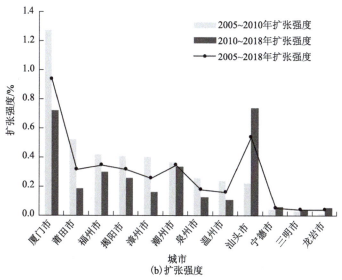

图 7-18　海峡西岸城市群各城市扩张速率与扩张强度

7.3　空间扩张形态模式

利用极坐标分析法，以 2005 年集中建设区中心为原点，分析城市群在不同方向上的扩张面积，根据不同方向上的扩张形状，我国 8 个城市群可分为环状扩张和轴状扩张两种模式。其中，环状扩张指城市群从中心向外，在各方向上均存在一定程度的扩张；轴状扩张指城市群在两个方向上扩张，整个城市群呈轴状发展。

1）环状扩张模式

长三角城市群、京津冀城市群、长江中游城市群和珠三角城市群为典型的环状扩张模式。长三角城市群向各方向均有一定扩张，西北方向较为显著，以上海及其腹地为主环状扩张。京津冀城市群除正西方向扩张受限外，向西北、东部、西南方向扩张均比较显著，以京津为核心环状扩张。长江中游城市群主要向东、北和西南等方向扩张，以武汉、长沙和南昌为主要扩张核心。珠三角城市群除了东南方向外，其他方向扩张显著，沿湾区向内陆方向扩张（图 7-19）。

2）轴状扩张模式

成渝城市群、辽中南城市群、山东半岛城市群和海峡西岸城市群为典型的轴状扩张模式。成渝城市群主要向东南和西北方向扩张，主要呈现出以成都到重庆通道为轴的轴状扩张模式。辽中南城市群主要向东北和西南扩张，形成以从沈阳到大连，途经辽阳、盘锦、营口的通道为轴的轴状扩张。山东半岛城市群扩张方向主要为西南和东两个方向，城市群扩张形态为以济南和青岛连线为轴的轴向扩张。海峡西岸城市群主要向东北和西南两方向轴状扩张，扩张轴线主要由沿海城市汕头、厦门、温州等市构成（图7-20）。

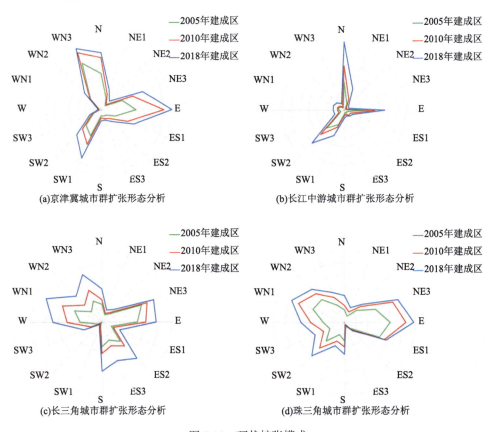

(a)京津冀城市群扩张形态分析

(b)长江中游城市群扩张形态分析

(c)长三角城市群扩张形态分析

(d)珠三角城市群扩张形态分析

图 7-19　环状扩张模式

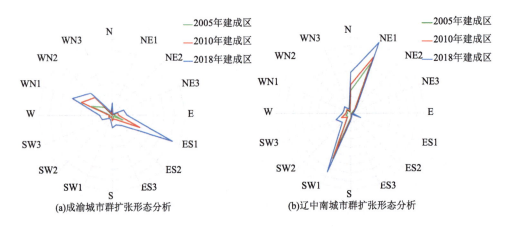

(a)成渝城市群扩张形态分析

(b)辽中南城市群扩张形态分析

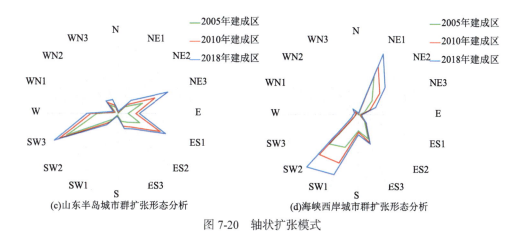

(c)山东半岛城市群扩张形态分析　　　　(d)海峡西岸城市群扩张形态分析

图 7-20　轴状扩张模式

7.4　空间扩张绩效评估

本节以上海市为例，在提取城市集中建设区的基础上，利用 2010 年和 2018 年两期人口和产业数据，评估城市空间扩张绩效。

7.4.1　上海市空间扩张基本情况

2010～2018 年，上海城市集中建设区总扩张面积 407.1km^2。其中，2010～2015 年城市集中建设区扩张 300.7km^2，年均扩张 60.14km^2；2015～2018 年城市集中建设区扩张 106.4km^2，年均扩张 35.5km^2。从空间扩张布局上看，中心城区（静安、黄浦、虹口、闸北[①]、长宁、徐汇、杨浦、普陀）建设用地面积基本已达到饱和，2010～2018 年无扩张。外围区（除中心城区外其他区）2010～2015 年以连片大面积的边缘式扩张为主，2015～2018 年以零散小规模的飞地式或填充式扩张为主（图 7-21）。

从各区扩张规模上看，中心城区除普陀区外，在 2010～2018 年均无新增建设用地，普陀区在 2010～2015 年仅存在极小幅度扩张。外围区在 2010～2018 年扩张规模明显，2015～2018 年扩张速率有所下降。其中，浦东新区建设用地总体规模以及扩张规模远超其他区（图 7-22）。

从各区扩张速率和扩张强度上看，崇明区扩张速率远超其余区，其次，奉贤区、

[①] 研究时段内行政区划发生变化（2015 年，静安区与闸北区撤二建一，建设新"静安区"），为便于开展基于时序数据的统计分析，故延续使用早期行政区划。

金山区、松江区、青浦区等南部郊区的扩张速率较高，中部、北部的闵行区、浦东新区、宝山区等扩张速率相对较低。松江区、嘉定区、闵行区等扩张强度较大（图 7-23）。

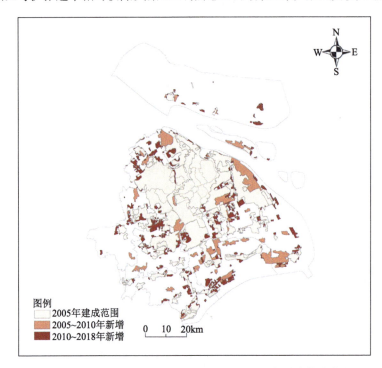

图 7-21　上海市 2005～2010 年和 2010～2018 年城市扩张范围

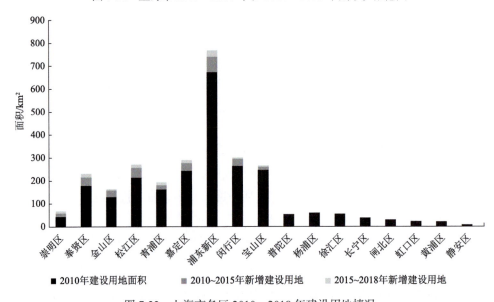

图 7-22　上海市各区 2010～2018 年建设用地情况

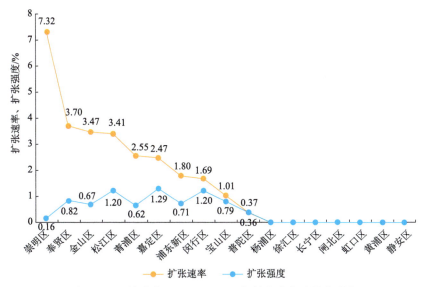

图 7-23　上海市各区 2010～2018 年扩张速率及扩张强度

7.4.2　空间扩张人口绩效

上海 2010～2018 年扩张范围中，居住用户密度为 1712 人/km²（全市集中建设区平均 2889.17 人/km²），就业用户密度为 852.65 人/km²（全市集中建设区平均 1767 人/km²）。扩张范围内居住、就业人口吸引已初具成效，但距离全市平均水平仍有差距。

城市空间扩张的人口绩效基本呈现圈层分布。普陀区、浦东新区、松江区、宝山区、闵行区等与中心城区距离较近且建设起步较早，对居住、就业人口吸引能力更强，空间扩张人口绩效高。青浦区、嘉定区、奉贤区、金山区等外围区，对居住、就业人口吸引能力较弱，空间扩张人口绩效低。居住人口层面[图 7-24（a）]，普陀区、浦东新区、松江区、宝山区、闵行区、青浦区等扩张范围内居住人口密度高于全市城市集中建设区平均水平，空间扩张对居住人口吸引绩效显著，主要缘于靠近中心城区起到的城区人口承接作用。特别地，松江区、青浦区扩张范围内居住人口密度高于本区平均水平，人口绩效显著。就业人口层面[图 7-24（b）]，普陀区、浦东新区、闵行区、松江区、嘉定区的扩张范围内就业用户密度高于全市扩张范围平均水平。

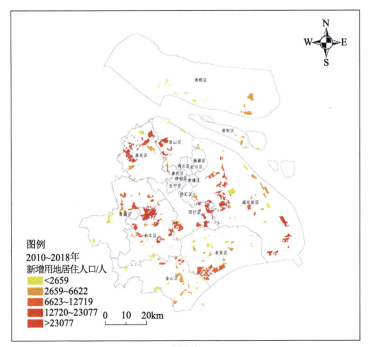

(a)居住人口

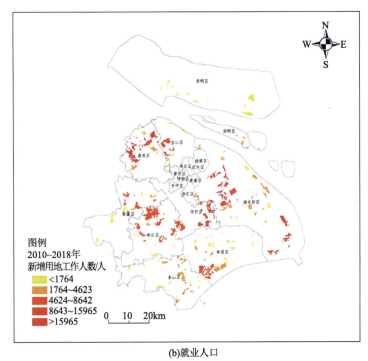

(b)就业人口

图 7-24　上海市 2010～2018 年扩张范围各区居住人口与就业人口空间分布图

7.4.3 空间扩张产业绩效

2010～2018 年，上海市扩张范围内新注册企业密度为 2.68 家/km²。其中，浦东新区扩张范围内新注册企业数量最大，普陀区扩张范围内新增注册企业密度最大，空间扩张均带来了较强的产业带动。同时，青浦区、金山区、松江区、奉贤区等空间扩张产业绩效均高于全市平均水平。从空间分布上看，闵行区与浦东新区边界，嘉定区与宝山区边界、浦东新区南部、奉贤区西南部企业集聚效应显著，这与扩张范围用地性质、区域产业承接、产业要素共享等相关（图 7-25）。

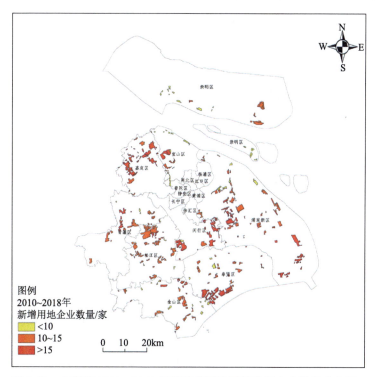

图 7-25 上海市 2010～2018 年扩张范围各区新注册企业数量分布图

7.4.4 "地-人-产"协同模式

上海市空间扩张带来了可观的人口和产业的集聚，扩张区域的区位、面积、用地性质等对人口和产业的吸引能力和规律均有差异。结合空间扩张人口绩效、空间扩张产业绩效，将上海市"地-人-产"协同模式分为四类（图 7-26）。

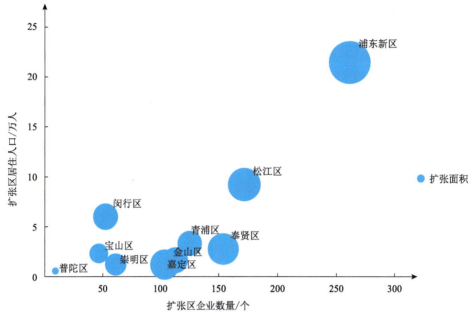

图 7-26　上海市 2010～2018 年扩张范围各区"地-人-产"协同分析图

（1）邻近溢出型。邻近上海市中心城区核心圈层，可扩张建设用地较少，在小规模扩张范围内需承接来自中心城区外溢的人口与产业，形成较高的人口绩效及产业绩效。以普陀区为代表。

（2）综合承接型。区域总面积大、扩张范围也大，享有全市优先、特殊扶持发展政策的地区，人口、产业承接能力强，将成为中心城区功能扩展的主要综合承接区域。以浦东新区、松江区、嘉定区为代表。

（3）人口吸引型。属于上海中心城区的拓展区，空间扩张面积有限，主要起到承接中心城区人口居住需求作用。以宝山区、闵行区为代表。

（4）产业拓展型。区域面积较大、扩张范围较大，与中心城区的距离均较远，对于人口的吸引能力有限，空间扩张范围主要起到产业承接作用，起到区域性的产业联动、协同发展功能。以青浦区、奉贤区、金山区、崇明区为代表。

7.5　本　章　总　结

利用 2005～2018 年卫星遥感监测的城市集中建设区范围，分析了我国 8 个城市群的空间扩张情况。结果显示，8 个城市群的城市空间在 2005～2018 年持续扩张，但扩张速率、扩张强度逐渐降低。从扩张形态上看，8 个城市群扩张模式可分为环状扩张与轴状扩张两种模式。国土空间治理不仅关注城市用地范围的扩张，更关注土地城市化带来的人口吸引和产业集聚成效，因此本章以上海市为例，结合人口和产业等数据，分析了"地-人-产"的协同发展状况。结合上海市各区的空间扩张人口绩效和产业绩效，将各区分为了四种模式，可以为各区城市发展规划提供参考。

卫星遥感具有长时序、可追溯等特点，是挖掘城市和城市群发展历史演变规律的重要手段。利用卫星遥感的技术优势，对重点城市和城市群的形态、布局、规模等进行长时序动态监测分析，针对城市无序扩张、突破城市开发边界、城市群协同发展失衡等问题及时预警，有助于推动城市和城市群高质量发展。

第 8 章　城市交通网络遥感监测与分析

　　交通网络是人类社会经济活动相互作用的重要载体。城市交通基础设施是城市人类活动的基础支撑，科学规划和完善城市交通网络可以促进城市发展，激发城市活力，提升居民的出行幸福感。2021 年中共中央、国务院印发了《国家综合立体交通网规划纲要》，提出加快建设交通强国，构建现代化高质量国家综合立体交通网。同年 12 月印发的《"十四五"现代综合交通运输体系发展规划》提出，到 2025 年，综合交通运输基本实现一体化融合发展，智能化、绿色化取得实质性突破，综合能力、服务品质、运行效率和整体效益显著提升，同时明确了"十四五"时期综合交通运输发展主要指标。

　　由于火车站、机场、港口、道路等交通基础设施在卫星遥感影像上有明显的特征，因此利用高清卫星遥感影像可以全面摸清城市交通基础设施点位，分析城市交通网络的空间布局。本章利用高分辨率卫星遥感影像提取的道路、车站、机场等交通基础设施，结合人口等数据资料，以全国主要城市多式联运、京津冀城市群交通联系和城市内交通路网服务能力为专题进行了综合分析评价。

8.1　全国主要城市多式联运遥感监测分析

　　多式联运是指由两种或两种以上交通工具相互衔接、转运而共同完成的运输过程，包含多个阶段、需多部门协调配合，多式联运的协调性在很大程度上显示了国家经济发展水平、基础设施建设能力和交通运输管理效能。本节以全国 36 个主要城市（包括 4 个直辖市、5 个计划单列市、22 个省会城市、5 个自治区首府），利用卫星遥感影像提取的道路、火车站和机场等交通基础设施，从卫星遥感的角度分析了我国主要城市公路铁路联运、公路航空联运情况。

8.1.1 数据资料

利用 2019 年资源三号、高分一号等 2m 级高分辨率卫星遥感影像数据提取全国 36 个主要城市的机场、火车站点位数据以及周围道路网数据（图 8-1）。

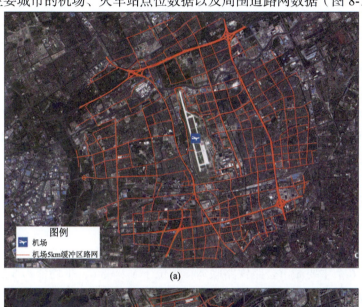

图例
✈ 机场
—— 机场5km缓冲区路网

(a)

图例
🏠 火车站
—— 火车站5km缓冲区路网

(b)

图 8-1 高分辨率遥感影像提取的机场（a）及火车站（b）周边路网图

8.1.2 技术方法

利用 2019 年度 2m 级高分辨率卫星遥感影像，经数据处理后，形成各城市的 2m 分辨率卫星遥感影像图；通过建立机场、火车站等目标以及道路要素的智能识别模型，提取全国 36 个城市机场、火车站、道路等要素，经过人工目视解译检查修正和质量检查后，形成遥感监测的交通基础设施数据成果。

考虑交通基础设施的发育程度与公路铁路联运和公路航空联运水平高度相关，因此以卫星遥感提取的火车站和机场所在位置为中心，计算周围半径 5km 内的路网密度，作为衡量公路铁路联运和公路航空联运的重要指标。当一个城市内存在多个火车站或机场时，将城市内所有火车站或机场周围 5km 的路网密度计算结果的平均值定义为公路铁路联运指数和公路航空联运指数。在此基础上，从不同城市、不同地理分区、不同城市规模及火车站和机场与经济发展的相关性等角度分析多式联运水平。

8.1.3 监测分析结果

1. 不同城市多式联运指数

全国 36 个主要城市公路铁路联运指数位于 1.2～5.6，平均值为 3.2。公路铁路联运指数高于或等于平均值的城市有 20 个，低于平均值的有 16 个。公路铁路联运指数排名前三位的城市为杭州、宁波、郑州，均大于 5.0；排名后三位的为拉萨、南宁、西宁，均低于 2.0。公路航空联运指数位于 1.7～5.5，平均值为 3.4。公路航空联运指数高于或等于平均值的城市有 16 个，低于平均值的有 20 个。公路航空联运指数排名前三位的城市为宁波、南昌、成都，均大于 4.4；排名后四位的为拉萨、昆明、呼和浩特及福州（并列），均低于 2.6。36 个主要城市多式联运指数差异明显（图 8-2）。

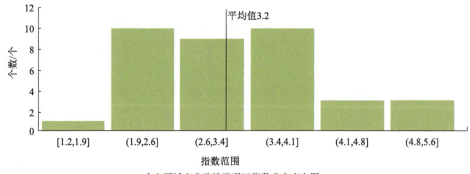

(a) 36个主要城市公路铁路联运指数分布直方图

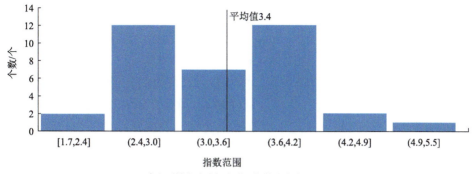

(b) 36个主要城市公路航空联运指数分布直方图

图 8-2　36 个主要城市多式联运指数分布直方图

2. 七大区域多式联运指数

从城市区位角度看，七大地理区域之间差异较大，公路铁路联运指数为 2.5～4.1 不等，公路航空联运指数为 2.8～3.7 不等，整体呈现以华中、华东为高值区，分别向北方、南方降低的态势（图 8-3）。

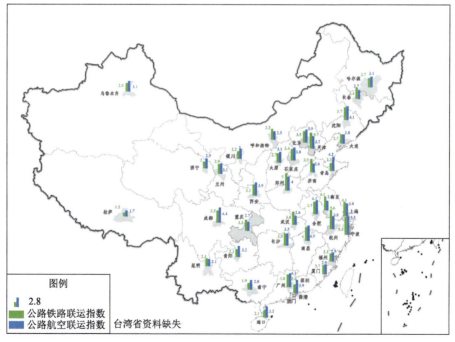

图 8-3　36 个主要城市公路航空联运指数分布直方图

以各城市联运指数的标准差来衡量七大区域内部主要城市多式联运的均

衡性。结果显示，东北、西北地区城市的公路铁路联运程度最均衡，标准差为0.5；华东地区 9 个城市的公路铁路联运程度最不均衡，标准差为 1.2；华中地区、华北地区、华南地区、西南地区标准差分别为 0.6、0.7、0.8、0.9。公路航空联运指数方面，西北地区最均衡，标准差为 0.4；华东、西南地区最不均衡，标准差为 1.0；东北、华北、华南的标准差均为 0.6，华中为 0.8。相对于公路铁路联运指数，公路航空联运指数在七大区域间及区域内部的分布较为一致（图 8-4 和表 8-1）。

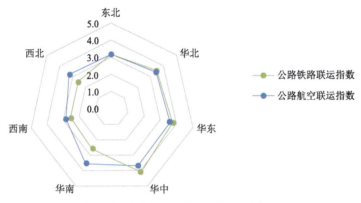

图 8-4　七大区域多式联运指数分布图

表 8-1　七大区域多式联运指数统计表

序号	区域	公路铁路联运指数		公路航空联运指数		城市名称
		平均值	标准差	平均值	标准差	
1	东北	3.1	0.5	3.2	0.6	哈尔滨、沈阳、大连、长春
2	华北	3.5	0.7	3.4	0.6	太原、天津、石家庄、北京、呼和浩特
3	华东	3.8	1.2	3.6	1.0	青岛、济南、宁波、上海、杭州、合肥、南京、厦门、福州
4	华中	4.1	0.6	3.7	0.8	郑州、南昌、长沙、武汉
5	华南	2.6	0.8	3.5	0.6	广州、海口、深圳、南宁
6	西南	2.5	0.9	2.8	1.0	成都、贵阳、昆明、重庆、拉萨
7	西北	2.5	0.5	3.2	0.4	西安、银川、兰州、乌鲁木齐、西宁

3. 不同规模城市多式联运指数

按照全国 36 个主要城市的规模等级分析多式联运差异，超大型城市公路铁路联运指数平均值为 3.5，特大型城市为 3.9，Ⅰ型大城市、Ⅱ型大城市分别为 3.0、2.7；超大型城市公路航空联运指数平均值为 3.9，特大型城市为 3.6，而Ⅰ型大城市、Ⅱ型大城市分别为 3.2、3.0。不同规模等级城市的多式联运指数层次分明（图 8-5）。在同规模城市中，超大型城市、Ⅰ型大城市的多式联运发展较特大型城市、Ⅱ型大城市更为均衡；整体而言，同级别城市中，公路航空联运指数较公路铁路联运指数更为均衡（表 8-2）。

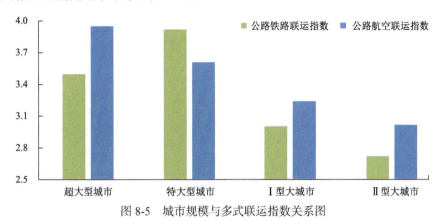

图 8-5　城市规模与多式联运指数关系图

表 8-2　不同规模城市多式联运指数统计表

序号	城市规模	公路铁路联运指数		公路航空联运指数		城市名称
		平均值	标准差	平均值	标准差	
1	超大型城市	3.5	0.7	3.9	0.1	北京、上海、广州、深圳
2	特大型城市	3.9	0.9	3.6	0.7	天津、重庆、杭州、南京、武汉、青岛、郑州、成都、西安、沈阳
3	Ⅰ型大城市	3.0	0.6	3.2	0.5	济南、长沙、太原、乌鲁木齐、大连、长春、合肥、哈尔滨、厦门、昆明
4	Ⅱ型大城市	2.7	1.1	3.0	1.0	宁波、银川、南昌、石家庄、呼和浩特、西宁、海口、贵阳、兰州、福州、南宁、拉萨

4. 多式联运指数与经济发展的关系

利用全国 36 个主要城市的多式联运指数与同年 GDP 进行相关分析。结果显示，36 个主要城市的公路铁路联运指数、公路航空联运指数与其 GDP 存在一定正相关关系。公路铁路联运指数和公路航空联运指数二者之间相关性很高，相关系数达到了 0.97（图 8-6）。说明经济发展较好的地区多式联运程度较高，且不同形式的多式联运的发展程度也高度相关。

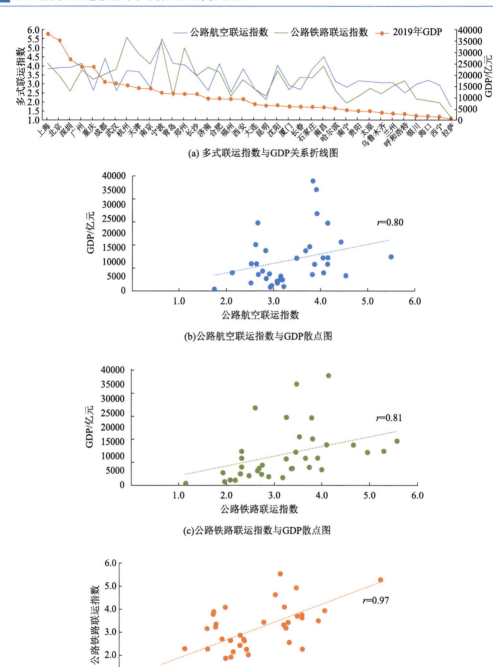

(a) 多式联运指数与GDP关系折线图

(b)公路航空联运指数与GDP散点图

(c)公路铁路联运指数与GDP散点图

(d)公路铁路联运指数与公路航空联运指数散点图

图 8-6　多式联运指数与 GDP 关系

8.1.4　小结

以往多式联运的水平一般通过贸易合同或者其他经济数字来反映，本节利用高分辨率卫星遥感影像提取的火车站、机场和道路数据，以火车站、机场周边道路网密度作为多式联运状况的表征因子，进行了不同城市、不同地理分区、不同城市规模等多个角度的分析，并研究了多式联运程度与经济发展的关系，相关分析结论可以为城市的重要交通设施布局和规划提供参考。

8.2　京津冀交通状况遥感监测与分析评价

2015 年 4 月，中共中央政治局审议通过《京津冀协同发展规划纲要》，要在京津冀交通一体化等重点领域率先取得突破。2021 年 12 月，《京津冀交通一体化发展白皮书（2014—2020 年）》（简称《白皮书》）正式发布，《白皮书》显示，京津冀区域干线铁路和城际铁路主骨架已基本建立，多层级的轨道交通网络初具规模，公路交通网络日益完善通畅，机场群、港口群建设成果达到国际先进水平，"四横、四纵、一环"的京津冀网络化综合运输通道格局基本形成。

本节以高分辨率卫星遥感影像提取的京津冀地区的主要道路、机场、火车站、港口等交通设施为基础，结合道路交通属性信息，以北京、天津、石家庄为区域中心城市，分别从路网布局、交通通达、路网密度、干线影响、区位优势、交通优势等方面，对县域单元的交通设施状况进行综合分析，以反映京津冀协同发展战略背景下的三地交通协同发展状况。

8.2.1　数据资料

获取的京津冀地区的数据包括主要道路、机场、火车站、铁路、港口等，主要交通路网布局如图 8-7 所示。从图上看，高速铁路、高速公路等高等级干线网络设施区域覆盖程度较高；10 个机场分布于 8 个地级及以上城市，较为均衡；拥有大中型港口 5 个，其中天津港、秦皇岛港为国家枢纽港。

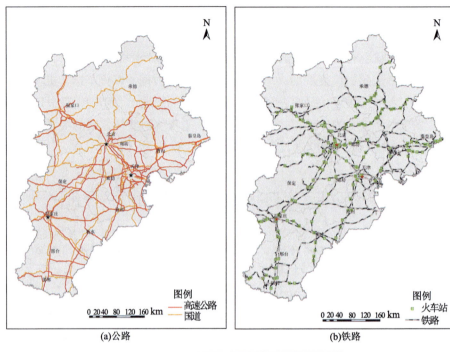

(a)公路　　　　　　　　　　　(b)铁路

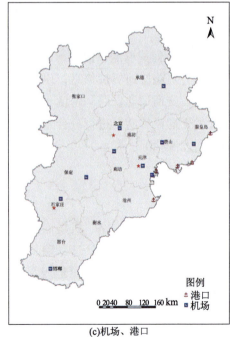

(c)机场、港口

图 8-7　京津冀地区交通路网布局图

8.2.2　技术方法

京津冀交通状况综合分析的主要指标包括：

（1）交通通达性。指以某地为中心，在一定时间、一定距离或一定消费金额内可到达的范围综合。通达性表征了特定地点到其他区域的时间成本。该指标根据不同等级道路行驶速度与道路里程，将通行时间赋予各段道路，通过建立基于时间的道路交通网络模型得到。

（2）路网密度。道路网长度与行政区面积比值。反映区域内道路网络布局的合理性和设施建设的发展程度。

（3）干线影响度。指大型或重要交通设施对区域通达性的支撑和保障能力以及影响水平。将铁路、港口、机场、高速公路以及国道影响权重的总和作为评价指标。

（4）区位优势度。以京津冀各县域单元与北京、天津和石家庄三座中心城市的区位优势权重值为指标，构建区位优势度指数，分析各地区的区位优势度。

（5）交通优势度。由道路网密度、干线影响度、区位优势度三个因素综合得到，交通优势度数值越大，表明交通优势越显著，经济发展的条件也越优越。

8.2.3　监测分析结果

1. 京津冀交通通达性

以北京、天津和石家庄为区域中心城市，利用京津冀地区的高速公路、国道、省道数据，构建通达性分析评价模型，分析得到区域 1h（60min）、2h（120min）交通圈（图 8-8）。从交通圈发展方向看，北京交通圈主要向东部、南部延伸；天津交通圈除东部受海域限制外，各方向较为均衡；石家庄则主要向东部发展。

从北京市区域角度看，北京 1h、2h 交通圈分别覆盖本市行政区范围的 38.87%、69.04%；天津 1h、2h 交通圈分别覆盖本市行政区范围的 40.90%、88.09%；石家庄 1h、2h 交通圈覆盖本市行政区范围的 60.27%、74.12%，覆盖河北省的 5.63%、10.83%。

从京津冀地区角度看，北京 1h、2h 交通圈分别覆盖区域范围的 4.69%、16.63%，最远可达河北保定雄县、河北衡水饶阳县；天津 1h、2h 交通圈分别覆盖京津冀地区的 2.62%、13.25%，最远可达北京通州区、河北保定满城区；石家庄 1h、2h 交通圈覆盖京津冀地区的 4.83%、14.14%，最远可达河北衡水深州市、河北沧州沧县。

受地形因素及行政区范围双重影响，1h、2h 交通圈市域范围县域覆盖率最高的分别为石家庄、天津；最低均为北京。但从京津冀地区整体来看，北京 2h 交通圈覆盖范围最大。

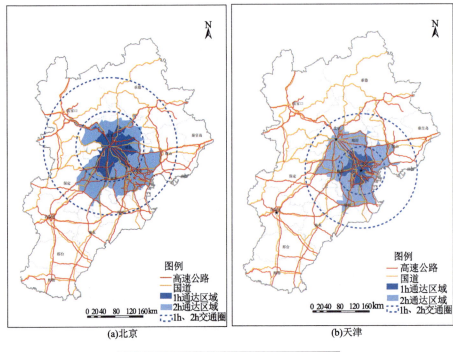

(a)北京　　　　　　　　(b)天津

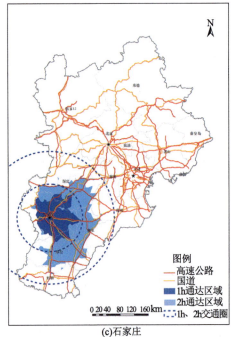

(c)石家庄

图 8-8　京津冀地区交通圈分布图

2. 京津冀道路网密度空间特征

从京津冀地区道路网密度分析整体路网的空间特征。总体来看，京津冀东部、南部的路网密度高于西部和北部，区域内呈现以北京-天津-唐山片区为道路网密度高值核心区，以石家庄、秦皇岛、衡水等为地级市组团中心，向四周逐渐降低的分布态势。北京、天津、石家庄、秦皇岛等城市主城区的交通网密度最高，交通干线沿线部分区县的交通网络密度较高；其他地区交通道路网密度较低（图 8-9）。

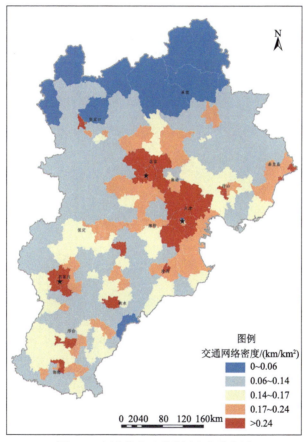

图 8-9　京津冀地区道路网密度分布图

3. 京津冀交通干线影响度空间特征

综合考虑铁路、港口、机场、高速公路以及国道对京津冀区域通达性的支撑和保障能力，计算得到京津冀地区干线影响度（图 8-10）。从空间分布来看，京津、京石、京秦等高铁、高速沿线区县受干线影响明显，具备明显的交通走廊特征。天津等沿海地区的铁路、公路线路分布密集，拥有港口的区县干线影响度较高。张家口、承德北部部分地区缺乏大型机场设施，因此交通干线影响度较低。

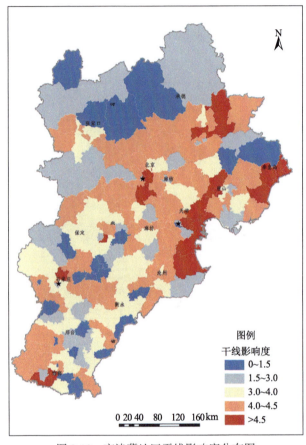

图 8-10　京津冀地区干线影响度分布图

4. 京津冀区县区位优势度

以京津冀各县域单元与北京、天津和石家庄三座中心城市的距离评估京津冀区县的区位优势度。从京津冀地区区位优势度分级评价图（图 8-11）可以看出，受中心城市北京、天津影响，京津及周边区县具有较高的发展优势，呈现以京津为核心、向石家庄影响区延伸，并连接成片的趋势。区位优势度表现出环绕中心城市的渐变式空间分布格局，河北大部分地区因距离因素，受京津辐射影响较弱，尤其是河北北部和南部区域处于辐射圈外。

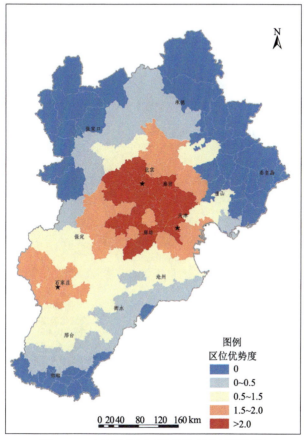

图 8-11　京津冀地区区位优势度分级评价图

5. 京津冀交通优势度

综合道路网密度、干线影响度、区位优势度得到京津冀各县域单元的交通优势度（图 8-12）。从交通优势度分布图可以看出，北京、天津、石家庄等中心城市及其周边区县相对于其他地区具有高度的交通优势，其余优势度较高区域多数位于各地市主城区；受地形和中心城市辐射能力的限制，北部大部分地区和西部部分地区的交通优势度较低。

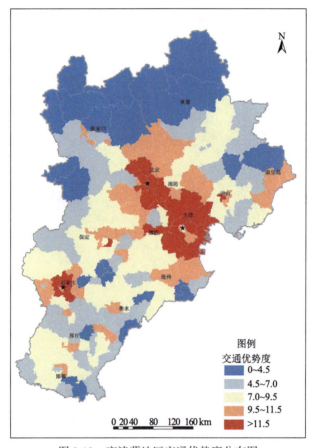

图 8-12　京津冀地区交通优势度分布图

8.2.4　小结

自京津冀协同发展战略出台以来，交通规划作为首要先行的方面，已形成集国家枢纽高铁、干线高速、干线机场、枢纽港口等于一体的交通设施网络。中心城市及周围区县具有较高的交通优势，京津冀北部、西部地区受制于地形因素，优势度较低。京津冀地区整体路网发达，交通优势较为突出，为"首都经济圈"的经济发展提供了良好的基础。

随着"雄安新区""交通强国"等国家级战略的深入落实，京津冀地区已成为我国交通建设的重要根据地。充分利用遥感技术手段，辅以其他权威数据，进一步优化交通优势评估方法体系。一方面，对高速铁路/城际铁路路线、高速公路出入口、火车站、港口及机场的类别进行细分；另一方面，对重点工程进行动态监测，开展实时、定量、定期的交通布局综合分析，以期对战略政策的落实进行客观、全面评价。

8.3　城市交通服务能力遥感监测与分析

城市交通设施的便利性和交通服务能力是城市综合发展的重要方面之一，不仅关系着城市居民便捷出行，也关系着城市物流、商业发展潜力。本节以武汉市为例，利用卫星遥感影像提取城市道路交通路网，同时结合轨道交通站点 POI 数据以及城市人口数据进行城市交通服务能力分析。

8.3.1　数据资料

本节使用的数据资料包括：武汉市 2018 年 2m 级高分辨率卫星遥感影像数据，用于提取城市的道路；网络爬取并经过清洗处理后的武汉市城市轨道交通站点 POI 数据；卫星遥感夜间灯光数据和人口统计资料，用于将人口进行空间化，辅助分析轨道交通服务能力。

8.3.2　技术方法

利用武汉市 2018 年度 2m 分辨率的高分辨率卫星遥感影像数据，采集道路要素解译样本，构建深度学习道路自动提取模型，对城市道路进行自动提取，后经人工编辑核查和质量检查后，形成城市道路数据成果。统计武汉市不同区域的路网长度和密度，分析武汉市道路网的空间特征。

利用网络爬取的武汉市 POI 轨道交通站点数据，进行数据清洗和空间定位后，形成城市轨道交通站点数据。通过人口统计年鉴，查询得到城市不同区县的人口数量。统计分析轨道交通站点平均服务人数、轨道交通每千人平均长度等指标反映轨道交通设施服务现状。进一步，利用夜间灯光数据对人口统计数据进行空间格网化，通过计算轨道交通站点周围缓冲距离内的人口数量，分析轨道交通站点周边人口服务能力。

8.3.3　监测分析结果

1. 路网空间分布

武汉市平均路网密度为 4.17 km/km²，在各区中，东西湖区、江岸区、江汉区、硚口区的路网密度相对较高，均高于 5 km/km²，黄陂区、江夏区路网密度相对较低，均低于 3 km/km²（图 8-13），整体呈现多中心的空间分布特征。

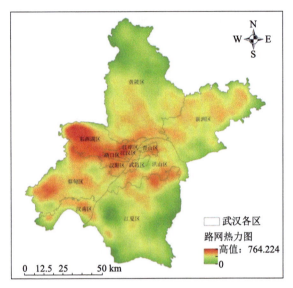

图 8-13　武汉市路网密度热力图

2. 轨道交通服务能力

武汉江岸区轨道交通长度最长，蔡甸区最短。汉阳区站点平均服务人数最少，约 3.01 万人，而新洲区最高，平均每个站点服务人数达到了 15.17 万。通过分析轨道交通站点 500m 和 1000m 缓冲区与人口密度图位置关系，可以看出武汉市轨道站点分布较集中，在市郊延伸较短（图 8-14）。

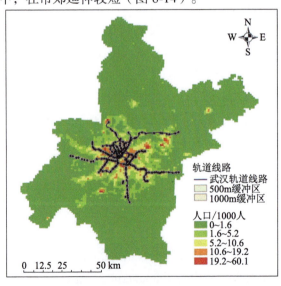

图 8-14　武汉市轨道交通站点对居民服务范围分析

　　以轨道站点周围 500m 和 1000m 的人口与区县总人口的比值评估轨道交通服务覆盖能力。经统计，江汉区的轨道交通站点在 500m 和 1000m 服务半径内服务人数占比最大，分别为 70.82% 和 100.00%；其次为江岸区，分别为 40.93% 和 92.48%；蔡甸区 500m 和 1000m 服务半径服务人数占比最小，分别为 3.19% 和 9.09%（图 8-15 和表 8-3）。

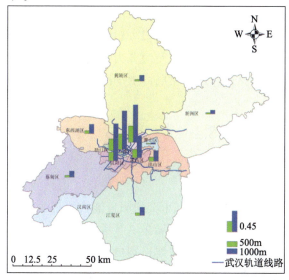

图 8-15　武汉轨道交通站点对居民服务能力统计图

表 8-3　武汉轨道交通站点对居民服务能力统计表　　（单位：%）

序号	区名称	500m 服务半径服务人数占比	1000m 服务半径服务人数占比
1	蔡甸区	3.19	9.09
2	东西湖区	7.63	21.41
3	汉阳区	23.20	55.16
4	洪山区	10.99	28.10
5	黄陂区	12.90	33.30
6	江岸区	40.93	92.48
7	江汉区	70.82	100.00
8	江夏区	3.19	10.87
9	硚口区	31.29	71.55
10	武昌区	35.07	72.33
11	新洲区	7.85	29.06
12	青山区	0.00	0.00
13	汉南区	0.00	0.00

8.3.4　小结

本节综合利用卫星遥感影像提取的路网数据，互联网获取的轨道交通站点POI 数据以及人口统计数据，分析了武汉市道路网空间分布特征以及轨道交通站点服务周边人口的情况，反映了城市道路和轨道交通的服务能力，为卫星遥感+专题数据监测城市道路交通服务能力提供了示范。后期可以充分发挥卫星遥感影像对立交桥等交通设施的识别能力，辅以人口信令数据、路网等级数据等行业专题资料，全面分析城市道路交通设施及服务人口情况的时空特征，挖掘潜在问题和短板区域，为城市道路交通规划布局提供支撑。

8.4　本章总结

利用卫星遥感影像提取了火车站、机场、港口、道路等城市交通基础设施，针对多式联运、京津冀交通状况和城市交通服务能力等三个专题进行了综合分析，可以为区域和城市的交通设施规划布局提供参考。

高分辨率卫星遥感可以全面客观地识别提取各类具有明显影像特征的交通设施，有助于相关人员快速、低成本地掌握交通设施的空间分布。针对公路建设与规划、交通设施布局合理性、交通流量控制等专题应用服务还需要结合交通行业的专题知识进行科学、深入的建模分析。

第9章 基于多源遥感数据的城市宜居性分析评价

宜居城市一般具有良好的居住环境、人文社会环境、生态自然环境。早在1996年，联合国第二次人居大会就曾提出，城市应当是适宜居住的人类居住地。《北京市城市总体规划（2004年—2020年）》在国内提出了"宜居城市"的概念。中国城市竞争力研究会通过构建涵盖生态健康、城市安全、生活便利、生活舒适、经济富裕、社会文明、城市美誉等多个角度的指标体系对全国城市进行研究评价，并定期发布了十佳宜居城市排行榜。

卫星遥感可以识别提取城市的地理空间环境要素，同时反演城市生态、安全等多项定量因子。本章充分利用卫星遥感影像高时空分辨率、多光谱等特点，从提升城市空间品质出发，基于高分辨率遥感数据产品的指标体系架构和指标计算方法，开展武汉市和宜宾市的城市宜居性分析。

9.1 数据与基础资料

城市宜居性评价中的数据以遥感获取的地表要素和定量参数为主，采用的卫星数据包括高分一号、资源三号、DMSP 等的卫星数据。为了兼顾城市宜居的多个角度，除了卫星遥感数据外，还利用了社会经济大数据和国土空间规划新数据，包括设施点 POI 数据、企业工商注册信息数据、互联网点评数据等。其中，设施点 POI 数据包括卫生医疗、教育、商业等各类设施名称及位置信息。企业工商注册信息数据包括企业编号、统一社会信用代码、注册日期、企业类型、注册资金、经营范围、注册地等。互联网点评数据包括商铺类型、位置、用户满意度评分等信息。

9.2 技 术 流 程

将城市宜居性分析的维度归纳为安全韧性、居住舒适、游憩便捷、品质活力四个方面，设计了城市宜居性分析的指标体系。根据单项指标设置，通过高分辨率遥感影像地表要素识别提取技术，得到城市建成区范围、土地覆被、建筑屋顶、道路、室外运动场、河湖水面等地表专题要素信息；同时通过波段运算得到城市归一化植被指数等信息；通过 DMSP/OLS 卫星产品数据得到夜间灯光信息。利用遥感监测产品结合多源社会经济大数据，确定单项指标计算方法（表 9-1）。在单项指标计算的基础上，采用熵值法、玫瑰风向图法等分析方法对武汉、宜宾两地的宜居性开展评价，并比较两地不同方面宜居性的差异。

表 9-1　城市宜居性指标及计算方法

指标维度	指标名称	指标计算	数据和方法	指标方向
安全韧性	区域开发强度/%	城市建成区面积/区域面积	城市建成区边界数据基于高分一号卫星影像数据解译识别获取（2018 年）	负向
	建筑密度/%	建筑底面面积/区域城市建成区面积	建筑底面数据基于资源三号、高分一号卫星影像数据解译识别获取。城市建成区边界数据基于高分一号卫星影像数据解译识别获取（2018 年）	负向
	生产危险度/%	加油站 1000m 覆盖范围内为危险区	加油站点位置数据通过互联网地图抓取，叠加资源三号、高分一号等 2m 级卫星影像数据确认（2020 年）	正向
居住舒适	道路网密度/（km/km²）	道路网长度/区域面积	道路网数据基于资源三号、高分一号等 2m 级卫星影像数据识别提取（2020 年）	正向
	公共服务设施覆盖度/%	轨道交通站点 800m 居住覆盖度；中小学 800m 覆盖度；等级医院 1000m 覆盖度；社区卫生站 500m 覆盖度；室外运动场 1000m 覆盖度	地铁站、中小学、等级医院、社区卫生站点位数据来源于互联网地图数据，叠加资源三号、高分一号等 2m 级卫星影像数据确认；运动场底面数据基于资源三号、高分一号等 2m 级卫星影像数据解译识别获取；覆盖度通过 ArcGIS 进行缓冲区分析计算（2018 年）	正向
	商业服务设施覆盖度/%	大型商超 1000m 覆盖度；便民服务设施 500m 覆盖度	大型商超、便民服务设施点位通过互联网地图 POI 数据获取；覆盖度通过 ArcGIS 进行缓冲区分析计算（2018 年）	正向
游憩便捷	三维绿度指数	植被类型面积×植被高度指数/区域面积	通过土地覆被数据获取乔木、灌木、草地覆盖范围数据，植被高度指数分别赋值 3、2、1（2018 年）	正向
	植被覆盖度	归一化植被指数 $NDVI=(NIR-R)/(NIR+R)$	NDVI 数据基于国产高分辨率卫星影像数据通过波段运算获取（2018 年）	正向
	河湖水面率	河湖水面占区域面积比例	河湖水体面积基于国产高分辨率卫星影像数据解译识别获取（2018 年）	正向
	公园广场可达性/%	公园广场设施 500m 可达性	公园广场点位通过互联网地图 POI 数据获取；可达性通过 ArcGIS 进行缓冲区分析计算（2018 年）	正向

续表

指标维度	指标名称	指标计算	数据和方法	指标方向
品质活力	夜间灯光指数	夜间灯光指数	基于 DMSP 卫星的 OLS 数据集产品获取夜间灯光数据（2018 年）	正向
	产业集聚度/（个/km²）	单位空间注册企业数量	企业点位数据来源于企业工商注册信息数据集（2020 年）	正向
	产业多样性指数	通过企业类型进行产业多样性指数计算。产业多样指数 $=-\sum_{i=1}^{n}(p_i \times \ln p_i)$	企业类别数据来源于企业工商注册信息数据集（2020 年）	正向
	消费热度	购物餐饮用户评论条数	用户评论条数通过互联网点评网站数据获取（2019 年）	正向
	消费满意度	购物餐饮用户满意度评分	用户满意度评分通过互联网点评网站数据获取，取各项评分（环境评分、服务评分等）平均值（2019 年）	正向

9.3　分析评价结果

9.3.1　武汉市宜居性评价

1. 安全韧性

安全韧性维度指标选取区域开发强度、建筑密度、生产危险度三项指标进行分析评价（图 9-1）。区域开发强度呈现明显的中心高、周边低的空间分异，具体表现为江岸区、江汉区、武昌区等中心城区开发强度趋近饱和，紧邻中心城区的

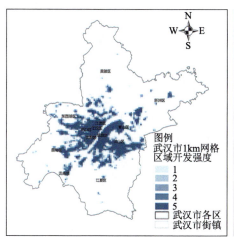
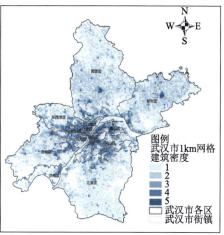

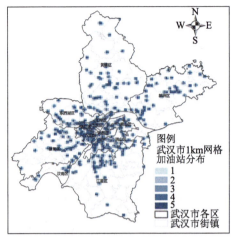

图 9-1 武汉市区域开发强度、建筑密度、生产危险度空间分布图

东西湖区已有一定程度的开发但仍有余量,远郊的黄陂区、新洲区、江夏区、蔡甸区开发强度低。武汉市城市开发主城区集聚效应显著,且对周边地区具有较强吸引力,远郊六区中除汉南区城市建成区未与中心城区接壤外,其余五区区域开发强度最高的地区均与主城区接壤。建筑密度分布与城市开发强度格局类似。生产危险度与加油站的分布一致。

2. 居住舒适

居住舒适指标选取道路网密度、公共服务设施覆盖度(图 9-2)、商业服务设施覆盖度(图 9-3)三项指标进行分析评价。中心城区道路网密度高于远郊区县。公共服务设施主要在中心城区分布较为集中,其中,轨道交通和等级医院等城市级设施覆盖度有待进一步提升,中小学、室外运动场、卫生服务等文体卫社区服务覆盖度已有一定程度覆盖。商业服务设施主要在中心城区较为集中,社区级便民服务覆盖度较高,但城市级商业服务有待加强。

3. 游憩便捷

游憩便捷指标选取三维绿度指数、植被覆盖度、河湖水面率、公园广场可达性四项指标进行分析评价(图 9-4)。三维绿度指数高值区与山脉和林地分布相一致,主要集中连片分布在黄陂区西北部,同时在南部蔡甸区、江夏区也有零散分布。植被覆盖度整体呈现远郊区县高、中心城区相对较低的趋势。河湖水面率与武汉市大江大河分布格局一致,武汉市河湖众多,河湖水面率整体处于较高水平。公园广场可达性主要在中心城区较为集中,周边区县的城区也有零星覆盖。

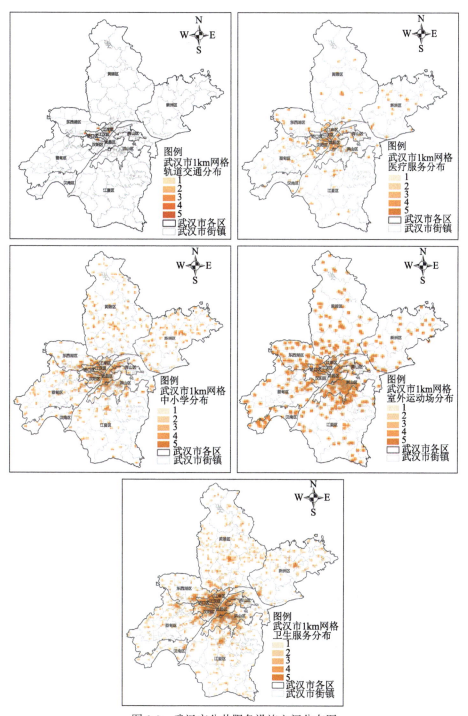

图 9-2　武汉市公共服务设施空间分布图

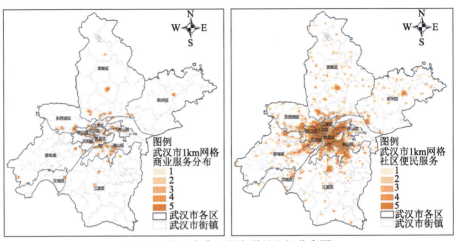

图 9-3　武汉市商业服务设施空间分布图

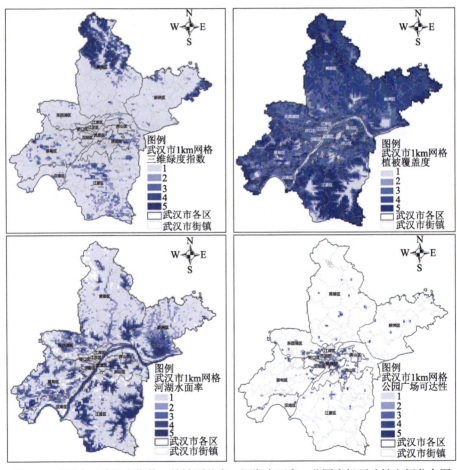

图 9-4　武汉市三维绿度指数、植被覆盖度、河湖水面率、公园广场可达性空间分布图

4. 品质活力

品质活力指标选取夜间灯光指数、产业集聚度、产业多样性指数、消费热度、消费满意度五项指标进行分析评价（图9-5）。夜间灯光指数与城市建成区范围分布格局一致，主要在中心城区及周边区县中心位置。产业集聚度在中心城区集中分布，特别是江岸、江汉、硚口、武昌、洪山等区。产业多样性指数相比于产业集聚度而言分布较为均质。消费热度在主城七区表现为明显集聚态势。消费满意度相比于消费热度分布较为均质。

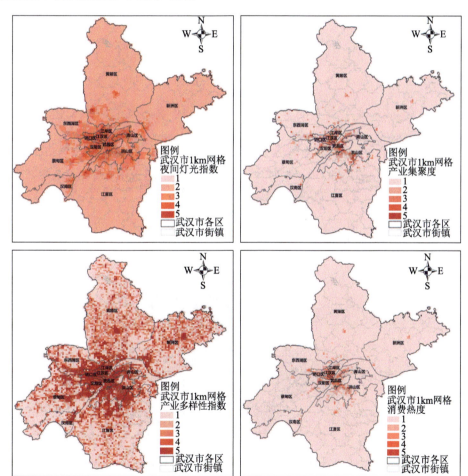

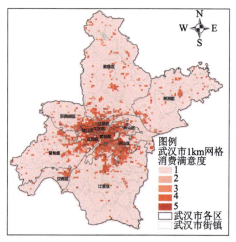

图 9-5　武汉市夜间灯光指数、产业集聚度、产业多样性指数、消费热度、消费满意度空间分布图

5. 综合评价

武汉市宜居性综合指数表现为中心城区高于周边远郊区县。在中心城区宜居度高值区域基本连片分布，特别是江岸区、硚口区、东西湖区宜居性最高。周边区县宜居性较高区域呈点状散布在县城等地（图 9-6）。

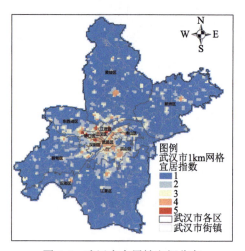

图 9-6　武汉市宜居性空间分布

9.3.2　宜宾市宜居性评价

1. 安全韧性

宜宾市区域开发强度受地形影响呈现点状分布，在翠屏区南部区域开发强度

较高。建筑密度分布规律与区域开发强度一致。生产危险度与加油站的分布相一致，与区域开发和道路建设布局相关（图 9-7）。

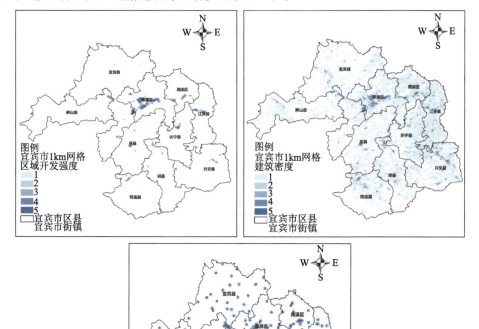

图 9-7　宜宾市区域开发强度、建筑密度、生产危险度空间分布图

2018 年 7 月，宜宾县撤销，设立叙州区，成图时间为 2018 年，因此仍用宜宾县；下同

2. 居住舒适

宜宾市道路网密度全域分布较为均匀，山地地区密度较小。公共服务设施覆盖度呈现点状分布，其中市级等级医院覆盖度较低，社区级别中小学、体育场、卫生服务覆盖度良好（图 9-8）。商业服务设施覆盖度市级服务设施严重匮乏，社区级相对完善（图 9-9）。

3. 游憩便捷

宜宾市三维绿度指数整体较高，与山体林地分布一致。植被覆盖度除城市建

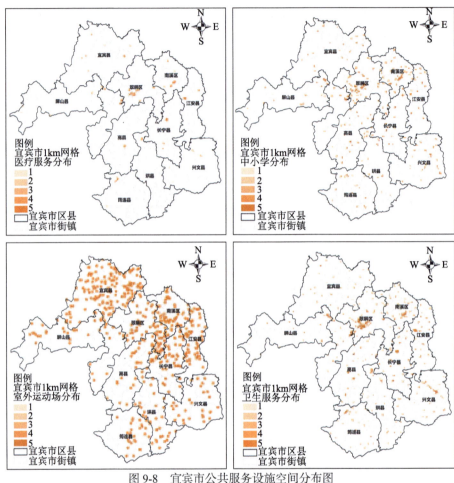

图 9-8　宜宾市公共服务设施空间分布图

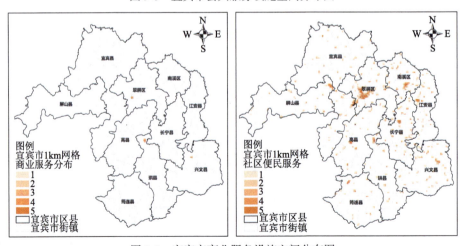

图 9-9　宜宾市商业服务设施空间分布图

成区外，整体植被覆盖均处于高值区。河湖水面率分布与主要河流湖泊分布一致。公园广场可达性呈点状分布，除翠屏区南部与宜宾县交界处集中成片外，其他区域较为零星（图9-10）。

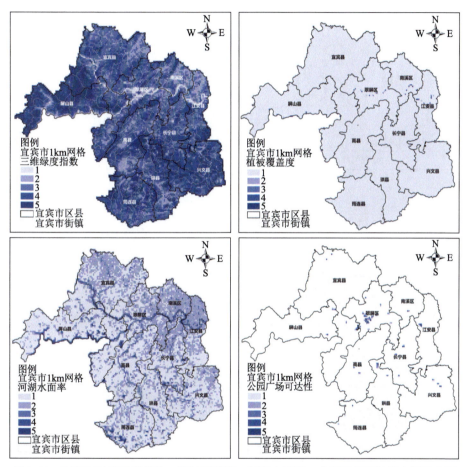

图 9-10　宜宾市三维绿度指数、植被覆盖度、河湖水面率、公园广场可达性空间分布图

4. 品质活力

宜宾市夜间灯光指数高值区基本集中在翠屏区南部与宜宾县交界处。产业集聚度除翠屏区南部与宜宾县交界处呈现面状分布特征外，其他区县呈现点状零星分布特征。产业多样性指数分布相对于产业集聚度而言较为分散。消费热度高值区集中在各区县中心区，呈点状分布。消费满意度高值集中区域分布与消费热度一致，但相对均质（图9-11）。

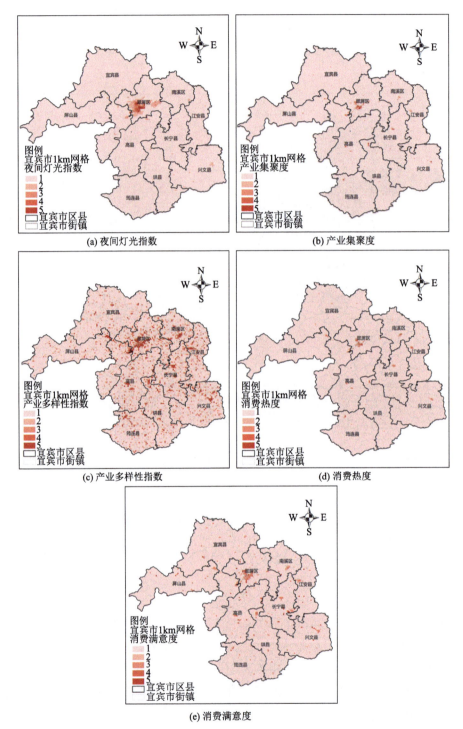

图 9-11　宜宾市夜间灯光指数、产业集聚度、产业多样性指数、消费热度、消费满意度空间分布图

5．综合评价

宜宾市宜居性综合指数高值区主要集中在各区县的开发区域，其中，兴文县、珙县、翠屏区部分地区宜居性指数最高（图 9-12）。

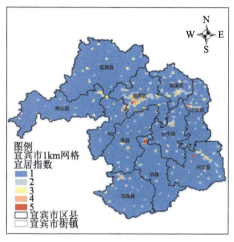

图 9-12　宜宾市宜居性空间分布

9.3.3　武汉市、宜宾市宜居性对比分析

对武汉市、宜宾市安全韧性、居住舒适、游憩便捷、品质活力四个维度的单项指标按照熵值法的权重，叠加得到四大维度指标数值，并通过玫瑰风向图进行表征（图 9-13）。

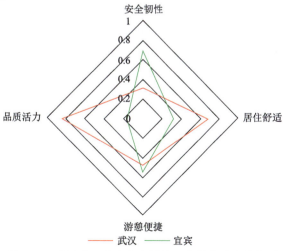

图 9-13　武汉市、宜宾市宜居性四大维度玫瑰风向图

　　武汉市宜居性贡献度最大的维度为品质活力、居住舒适，其次为游憩便捷，贡献最小的维度为安全韧性。作为长江经济带中长江中游的龙头城市之一，武汉市在品质活力和居住舒适角度具有明显优势，成为吸引人群定居的重要考量因素。其中，便捷的城市级和社区级的公共服务与商业服务能够满足教育、医疗、文体等生活各方面需求，充足的路网密度为各类出行活动提供便捷，较大的产业规模和产业多样性为居民提供更多的就业机会与选择，高品质的购物餐饮消费为居民品质生活提升提供支撑。安全韧性在武汉市的宜居性中处于相对短板，随着城市化进程推进，中心城区城市开发强度趋于饱和，人口的过度承载一定程度上对城市带来了建筑密度过高等负面影响。

　　宜宾市宜居性四个维度的贡献程度与武汉市存在较大差异，宜宾市是国家确定的沿江城市带区域中心城市，其主要特征为山水资源丰富。宜宾市沿着山形地势进行城市开发，开发强度和建筑密度适中，加之良好的空气质量和山水资源，为其游憩便捷提供了良好基础。但是，宜宾市在品质活力和居住舒适方面尚存短板，需要进一步加强基础设施完善、产业扶持、消费升级、就业引导等。

9.4　本章总结

　　根据国土空间治理背景下城市宜居性内涵，以卫星遥感数据为主，提出了基于卫星遥感影像数据的城市宜居性指标体系，涵盖安全韧性、居住舒适、游憩便捷、品质活力四个维度，在空间格网尺度开展了武汉市和宜宾市的宜居性评价。

　　随着卫星观测手段的不断丰富，高光谱、SAR、热红外等载荷的卫星观测数据越来越多，每一类载荷的观测数据都可以从不同的维度反映城市宜居性，因此可以充分利用 SAR 数据、三维高程数据、高光谱遥感产品等数据，不断丰富城市宜居性的评价指标体系，同时研究不同指标的关联关系，提出更加科学和适宜的城市宜居性评价指标，对典型城市定期开展评估分析，针对性地服务城市空间治理和国土空间优化。

第 10 章　典型用地控制指标遥感监测与分析

党的十八大报告指出，面对资源约束趋紧、环境污染严重、生态系统退化的严峻形势，必须树立尊重自然、顺应自然、保护自然的生态文明理念，把生态文明建设放在突出地位。要坚持节约资源和保护环境的基本国策。党的十八大以来，习近平总书记对耕地保护和节约集约利用资源作出一系列重要指示批示。自然资源部提出未来建设用地供需矛盾会更加突出，全社会都应该增强节约集约用地意识。同时，政府也应出台新的规则和标准来全面提高用地效率。提高土地资源供给质量和效率，需要对自然资源利用情况进行动态监测与全面分析，实现最大限度的土地节约与集约利用。

卫星遥感技术以客观、全面反映地表现状及变化成为自然资源规划决策、合理利用与科学管理的支撑性技术，在国土资源调查与管理、土地整治重大工程、矿山遥感调查与监测、地质灾害调查与应急监测等方面得到了广泛应用。本章对工业项目建设用地控制指标和典型高速公路服务区土地利用效率进行监测与分析，可以直接支撑用地控制指标的修订与管理决策。

10.1　工业项目建设用地控制指标遥感监测

随着社会经济的快速发展，城市规模不断扩大，城市化进程进一步加快，大量土地资源被用于城市建设。同时,在土地资源开发利用及管理过程中，仍存在着大量影响土地增值效益的问题，使得宝贵的土地资源被浪费和不充分地利用。亟待对土地资源的节约集约利用水平进行监测分析，促进土地资源的高效利用。本节利用卫星遥感技术手段，选择上海宝山区、金山区、奉贤区内的工业地块，开展绿地、建筑等要素提取，并计算绿地率和建筑密度等指标，统计分析工业项目建设用地的控制指标。

10.1.1　监测区域

监测区域涉及上海市宝山区、金山区和奉贤区，在其中选取了 8442 个工业地块，作为计算单元（表 10-1）。

表 10-1　工业项目建设用地指标遥感监测区域

行政区	工业用地地块数量/个	工业用地地块图
宝山区	2730	
金山区	2528	
奉贤区	3184	

10.1.2　数据来源

基础数据包括监测区的范围矢量以及 2019 年度 2m 分辨率和 0.8m 分辨率的高分辨率卫星遥感影像数据。2m 分辨率影像主要用于提取监测区内的绿色植被，0.8m 分辨率影像主要用于提取监测区内的建筑物。

10.1.3　技术方法

利用高分辨率卫星遥感影像数据构建绿色植被解译样本集，分析植被在遥感影像上的特征，形成植被提取规则集，对监测区内的植被进行提取。采用类似的技术方法，构建建筑物解译样本集，提取监测区内的建筑物（包括建筑、构筑物和堆场等）。基于自动提取的植被和建筑要素，采用人机交互的手段进行边界修正和质量检查，形成监测区的植被和建筑遥感提取成果。利用监测区内绿色植被的投影面积与监测区面积的比值计算绿地率，利用监测区内建筑屋顶的投影面积与监测区面积之比计算建筑系数。绿地率过高或者建筑系数过低都可能是土地利用效率不高的表征。

10.1.4　监测分析结果

从绿地率遥感监测结果来看，区域内 80%以上工业用地地块的绿地率小于10%，绝大多数工业用地的绿地率都在 0%～20%（图 10-1），仅发现了少量绿地率较高的工业用地地块（图 10-2）。

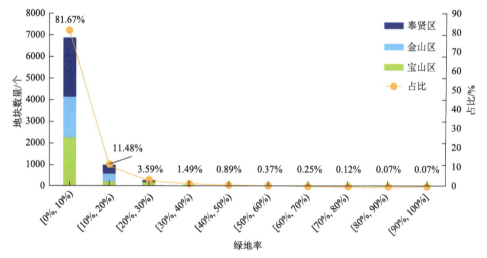

图 10-1　绿地率遥感监测结果

图 10-2　绿地率较高的工业用地地块影像图

从绿地率的空间分布来看，靠近海岸线的工业用地地块绿地率高于内陆的工业用地地块，这种现象在宝山区、金山区尤为显著（图 10-3～图 10-5）。

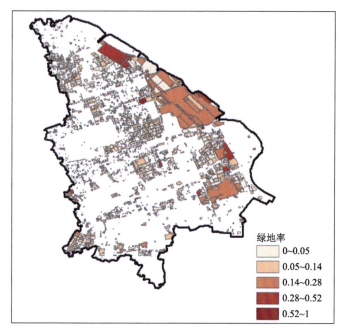

图 10-3　宝山区工业用地地块绿地率

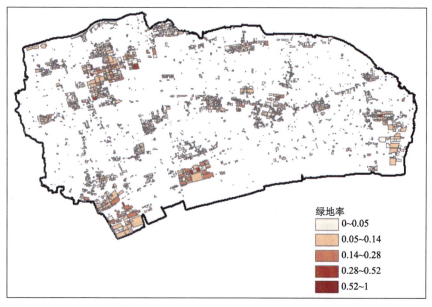

图 10-4　奉贤区工业用地地块绿地率

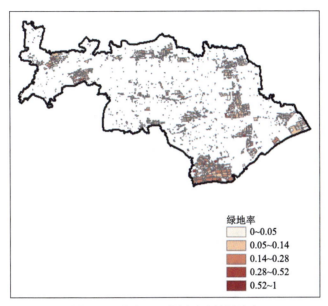

图 10-5　金山区工业用地地块绿地率

从建筑系数遥感监测结果来看，不同区域地块的建筑系数差异明显，约有 1/4 地块的建筑系数小于 10%，约有 24% 的地块建筑系数高于 50%（图 10-6）。叠加卫星遥感影像分析建筑系数低于 10% 的地块，发现导致建筑系数较低的原因主要有两个：一是土地利用效率低，建筑物、构筑物、堆场分布较少（图 10-7）；二是地块处于开发建设状态，大部分土地为空地（图 10-8）。

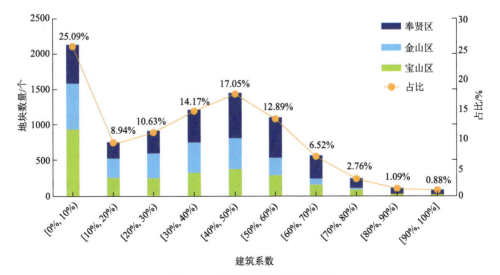

图 10-6　建筑系数遥感监测结果

图 10-7　利用效率较低的工业用地地块

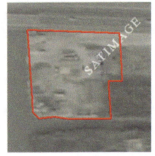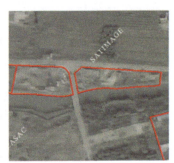

图 10-8　处于开发建设状态的地块

10.1.5　小结

利用高分辨率遥感技术手段，在上海宝山区、金山区、奉贤区开展了绿地率、建筑系数监测分析，结果发现，工业用地绿地率、建筑系数总体处于合理区间，存在少量利用效率不高的地块。针对不同区域的工业用地地块，利用长时序卫星遥感影像进行持续跟踪，对工业地块内厂房拆建、绿化、新建厂区建设进度等进行监测，同时利用高分辨率测绘卫星立体观测优势，在建筑屋顶提取的基础上，获取建筑高度信息，开展容积率监测与分析，对工业用地地块开展更全面的利用情况监测。

10.2　典型高速公路服务区土地利用效率遥感监测分析

高速公路服务区节地和优化功能布局是土地节约集约利用的重要专题之一。本节在全国范围内选取了 160 个高速公路服务区进行了用地结构监测分析。在提取高速公路服务区范围、内部绿地、停车场、房屋建筑、加油站的基础上，通过计算服务区绿地率（绿地占服务区总面积的比例）、总占地比例（房屋建筑、加油站、停车场等面积占服务区总用地面积的比例）等指标分析高速公路服务区的土地利用效率。

10.2.1　高速公路服务区监测范围

在全国范围内选取了 160 个服务区，其中 29 个服务区邻近"十四五"规划建设的高速公路（图 10-9）。为了保证选择的高速公路服务区的典型性和代表性，从区域考虑，在东部、中部、西部、东北 4 个区域内，分别选取了 44 个、44 个、47 个、25 个服务区。从车道数量考虑，选取了 4 车道高速公路服务区 93 个，兼顾 6 车道、8 车道高速公路服务区。从建设年份考虑，选择了 19 个近五年建设的服务区。

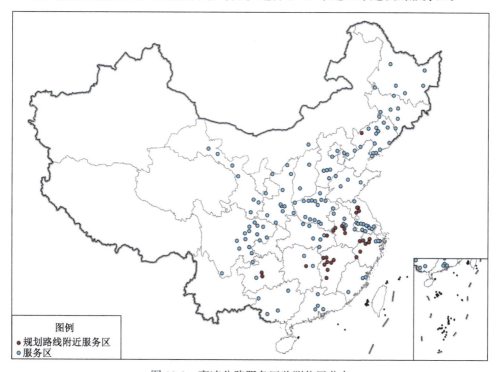

图 10-9　高速公路服务区监测位置分布

10.2.2　高速公路服务区用地情况总体分析

高速公路服务区的绿地率在 0%～43%，平均绿地率为 11.19%，绿地率超过 20% 的服务区为 15 个，占监测总数的 9.4%（图 10-10）。绿地率较高的服务区空间上没有明显的地域特征（图 10-11），这部分服务区绿地率较高，改善环境的同时，也一定程度上压缩了服务区内设施用地的面积（图 10-12）。

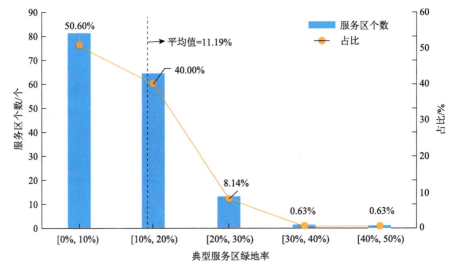

图 10-10　典型服务区绿地率

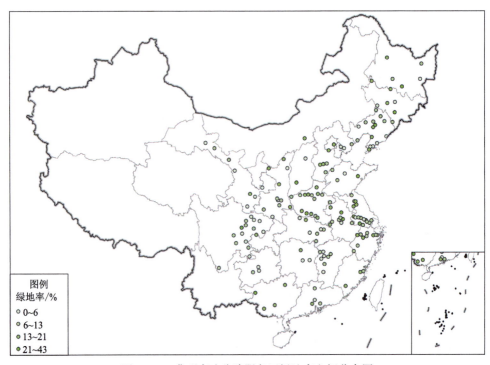

图 10-11　典型高速公路服务区绿地率空间分布图

图 10-12　绿地率较高的典型服务区

从总占地比例的统计来看，不同高速公路服务区的土地利用节约集约水平有较大差异，总占地比例数值在 19.70%～78.97%，平均值为 49.33%（图 10-13）。总占地比例较小的服务区空间上也没有明显的地域特征（图 10-14）。部分服务区内部近一半的土地未用于服务设施建设（图 10-15）。

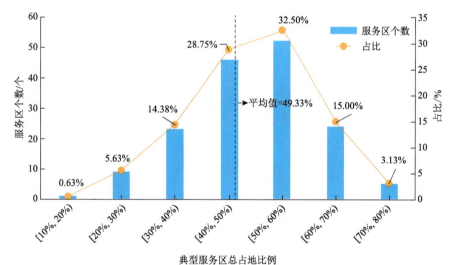

典型服务区总占地比例

图 10-13　典型服务区总占地比例

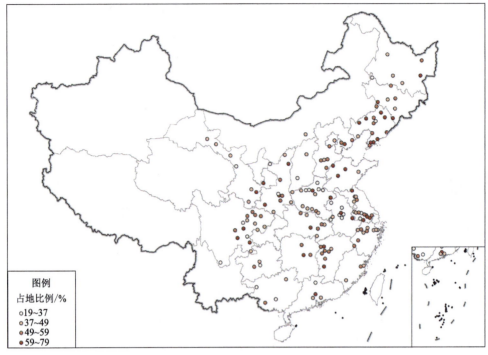

图 10-14　典型高速公路服务区总占地比例空间分布图

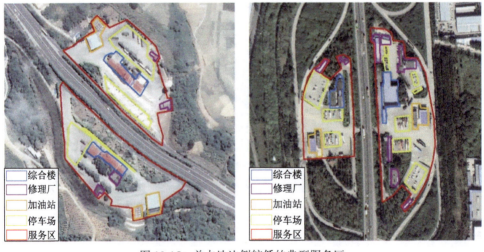

图 10-15　总占地比例较低的典型服务区

10.2.3　规划高速公路周边服务区的用地情况

为了评估规划高速公路周边的服务区土地节约集约利用水平与全国整体水平

的差异,选取了 29 个位于规划高速公路周边的服务区进行监测分析。监测结果发现, 29 个服务区绿地率最大值为 18.4%,最小值为 1.92%,平均绿地率为 9.49%(图 10-16);总占地比例最大值为 66.81%,最小值为 30.34%,平均占地比例为 50.56%。有 15 个服务区的绿地率低于 10%, 16 个服务区的总占地比例高于 50%(图 10-17)。

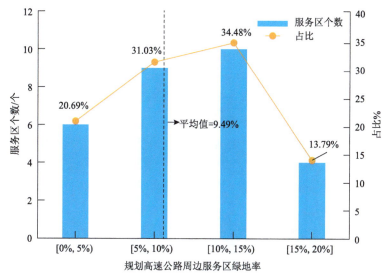

图 10-16　规划高速公路周边服务区绿地率

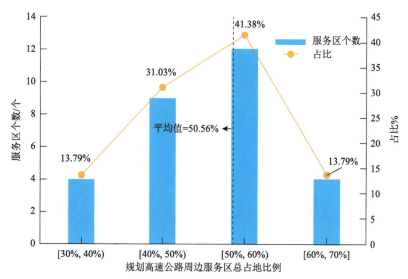

图 10-17　规划高速公路周边服务区总占地比例

10.2.4　高速公路服务区用地情况分类统计

1. 不同区域服务区用地情况

不同区域服务区的总占地比例有较大差异。除西部区域外，其他区域服务区绿地率为 12%，绿地率差异不大。西部服务区绿地率为 9%，低于其他区域。东部地区、东北地区服务区总占地比例高于其他两个区域。中部地区服务区总占地比例最低，低于东北地区近 10 个百分点（图 10-18）。

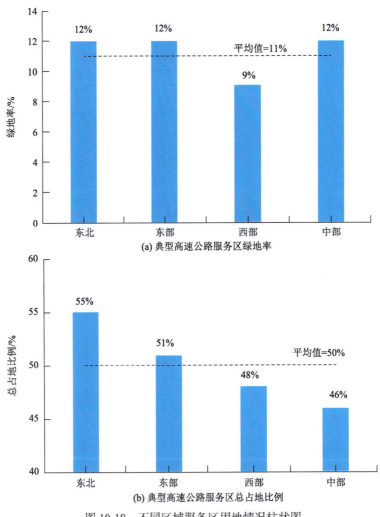

图 10-18　不同区域服务区用地情况柱状图

2. 不同建成年份服务区用地情况

　　近年建设的服务区绿地率最高，高出平均值 3 个百分点。2016～2020 年建成的服务区，其绿地率最高，这可能是由于交通量没有饱和，服务区内部尚没有完全开发。从不同年份建成服务区的总占地比例来看，近年来服务区土地节约集约利用水平有小幅上升。2011～2020 年建成的高速公路服务区，其总占地比例高于 2010 年前建成的高速公路服务区。对比 20 世纪末建成的服务区，2011～2020 年建成服务区的总占地比例提升了 6 个百分点（图 10-19）。

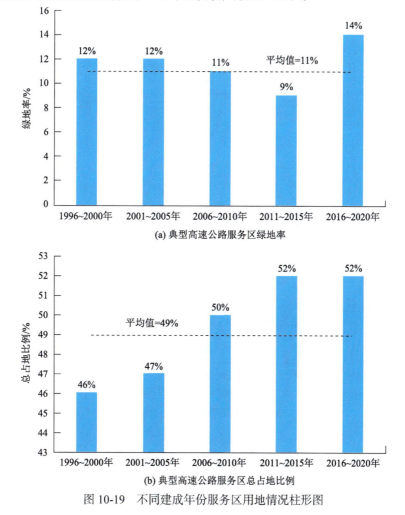

(a) 典型高速公路服务区绿地率

(b) 典型高速公路服务区总占地比例

图 10-19　不同建成年份服务区用地情况柱形图

3. 不同车道数服务区用地情况

相较 6 车道和 8 车道高速公路沿线服务区，4 车道高速公路沿线的服务区绿地率最低、总占地比例最高。高速公路车道数越多，其沿线的服务区总占地比例越低（图 10-20）。

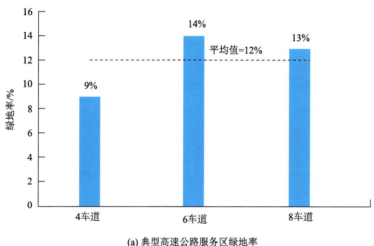

(a) 典型高速公路服务区绿地率

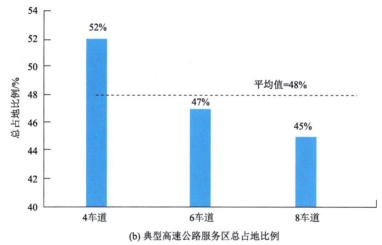

(b) 典型高速公路服务区总占地比例

图 10-20   不同车道数服务区用地情况柱形图

10.2.5   小结

利用高分辨率卫星遥感影像数据，对全国范围典型高速公路服务区的用地结构进行了监测分析，计算了绿地率、总占地比例等表征高速公路服务区用地节约集约水平的指标，发现少数高速公路服务区存在土地粗放利用的情况。针对新建设的高速公路服务区，在严格控制用地指标的基础上，可以利用最新时相的卫星遥感影像跟踪高速公路服务区的规划、建设、投入使用运行全生命周期的用地状况，动态分析建设过程中允许建设范围和关键约束指标的符合性，发现风险并及时预警，促进各类土地的节约集约利用。

10.3　本 章 总 结

针对工业项目建设用地和高速公路服务区两类用地类型，基于高分辨率遥感影像提取的绿地、建筑、高速公路服务区服务设施等要素目标，对绿地率、建筑系数、总占地比例等指标进行了监测分析，统计分析结果有助于了解区域或全国的用地指标情况，为用地控制指标的修订提供参考。利用卫星遥感手段可以全面、客观、及时地掌握用地现状，结合国土调查等权威调查监测数据，可以高频次动态跟踪用地控制指标的变化，评估土地节约集约利用现状和变化趋势，为国家用地管理政策提供支撑。

第11章　长江经济带经济发展遥感监测与分析

长江经济带横跨我国东中西三大区域,覆盖 11 个省市,面积约占全国的 21%,人口和经济总量超过全国的 40%,是中国经济社会发展最具活力和潜力的区域,在我国经济发展中起到重要引擎作用。与沿海和其他经济带相比,长江经济带拥有我国最广阔的腹地和发展空间,推动长江经济带发展对于促进区域经济要素流动、支撑国家经济持续增长具有重要的战略意义。

2014 年 9 月,国务院印发《关于依托黄金水道推动长江经济带发展的指导意见》,提出将长江经济带建设成为具有全球影响力的内河经济带、东中西互动合作的协调发展带、沿海沿江沿边全面推进的对内对外开放带和生态文明建设的先行示范带。2016 年 9 月,《长江经济带发展规划纲要》正式印发,作为推动长江经济带发展重大国家战略的纲领性文件,提出了大力保护长江生态环境、加快构建综合立体交通走廊、创新驱动产业转型升级、积极推进新型城镇化、努力构建全方位开放新格局、创新区域协调发展体制机制等举措,促进长江经济带高质量发展。

夜光遥感获取的是人类夜间灯光照明信息,与人类经济社会活动直接相关。本章利用 1992~2018 年夜光遥感数据,对长江经济带区域的人口、GDP、资源消耗、发展重心变化动态过程等进行遥感信息提取和反演,分析长江经济带经济发展进程和人类活动的长时序时空演变规律,反映长江经济带区域宏观经济发展状况。

11.1　人口空间化及时序分析

收集整理 1992~2018 年共 27 年的长江经济带人口统计资料,利用夜光遥感数据对长江经济带人口进行空间化,得到 1992~2018 年人口空间化数据(图11-1)。从空间上看,长江经济带人口主要集中在长三角城市群且发展迅速,中部与西部主要城市群人口在后期发展较快。

1992年	1993年	1994年	1995年	1996年
1997年	1998年	1999年	2000年	2001年
2002年	2003年	2004年	2005年	2006年
2007年	2008年	2009年	2010年	2011年
2012年	2013年	2014年	2015年	2016年
2017年	2018年			

人口/人
2000
0

图 11-1　1992～2018 年长江经济带人口空间化结果

　　统计长江经济带各省市 1992～2018 年人口数据发现，27 年间长江经济带各省市人口逐年增长模式基本相同；空间上，人口主要集中在江苏、浙江、上海等东部沿海地区，西部的四川和云南等省份人口后期快速增长（图 11-2）。

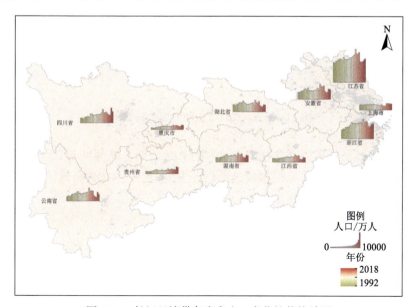

图 11-2　长江经济带各省市人口变化柱状统计图

11.2　GDP空间化与时序分析

收集1992~2018年长江经济带GDP统计资料，利用夜光遥感数据对长江经济带GDP进行空间化，得到1992~2018年GDP空间化数据（图11-3）。从空间上看，长江经济带GDP高值区域主要集中在长江经济带中的长三角城市群、中部各省主要城市与西部成渝城市群。从时间上看，东部地区的GDP较中西部地区起点高、发展起步早，由东向西逐步延伸，发展进程与国家西部大开发战略等相关经济政策基本吻合。

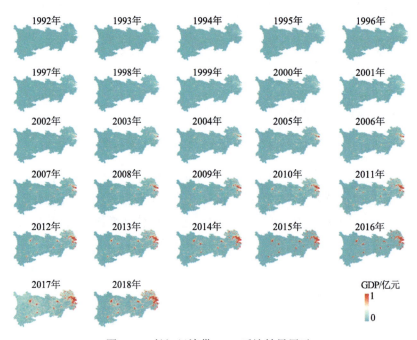

图11-3　长江经济带GDP反演结果展示

统计长江经济带各省市1992~2018年GDP数据，27年间长江经济带各省市GDP增长趋势相似，总体呈现指数级增长态势。空间上，GDP高值区集中在江苏、浙江、上海等东部沿海地区（图11-4）。

11.3　经济发展与资源消耗关联分析

夜光遥感反映了人类社会经济活动，夜间灯光强弱与GDP的大小密切相关。

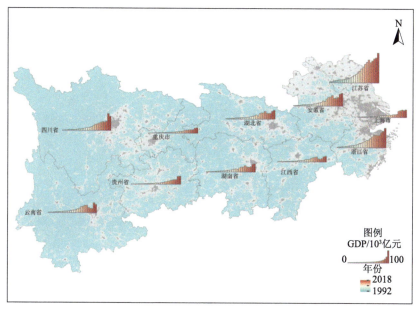

图 11-4　长江经济带各省市 GDP 变化柱状统计图

为了分析长江经济带 GDP 增长与单项资源能耗之间的关系,本节利用夜光遥感数据和煤炭、水资源的统计资料进行关联分析,计算夜间灯光强度与煤炭资源量和水资源量的相关系数表征经济发展对不同资源的依赖程度。若正相关说明经济发展对能源消耗依赖较强,且相关性越强表示经济发展对单项资源的依赖程度越高。

11.3.1　煤耗资源消耗关联分析

收集整理了 1992～2009 年共 18 年的长江经济带 11 省市的煤炭资源消耗量(图 11-5,其中四川 1998 年之前和湖南 1999 年之前的数据缺失)。从图中可以看出,长江经济带各省市煤炭消耗资源逐年增加,且多数省市呈现指数级增长。

分别统计长江经济带各省市 1992～2009 年的夜间灯光强度数据与煤炭资源消耗信息,计算两类数据之间的相关系数。结果发现,夜间灯光强度数据与煤炭资源消耗量相关系数均在 0.7 以上,说明两者之间具有较强的相关性,经济发展对煤炭资源的依赖度较高。从空间上看,经济发展较依赖煤炭能源的省市为四川、重庆、江苏、浙江、上海,其均位于成渝城市群和长三角城市群(图 11-6)。

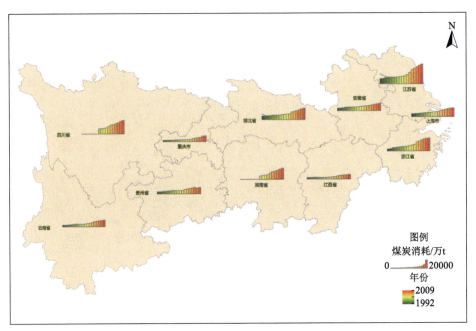

图 11-5　1992~2009 年长江经济带煤炭资源消耗统计图

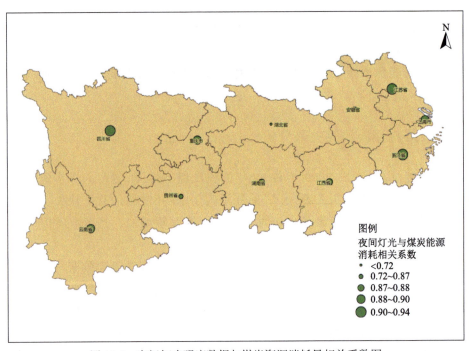

图 11-6　夜间灯光强度数据与煤炭资源消耗量相关系数图

11.3.2　水资源消耗关联分析

收集整理了 1997~2009 年共 13 年的长江经济带 11 省市的单位 GDP 水资源消耗量（图 11-7）。从图中可以看出，长江经济带各省市每万元消耗的水资源一直在逐年减少，说明经济发展对水资源的依赖逐年降低。从空间上看，单位 GDP 万元水资源消耗量较高的省份为贵州、湖南、江西、云南等，地理位置上均位于长江以南。

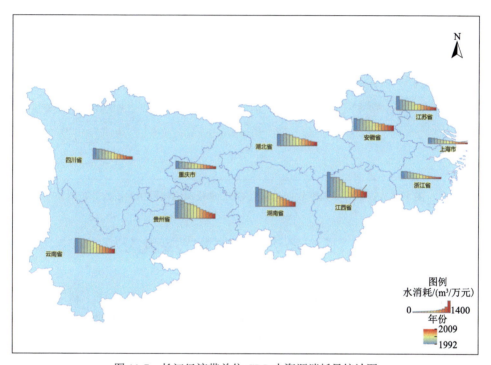

图 11-7　长江经济带单位 GDP 水资源消耗量统计图

与煤耗资源消耗关联分析方法相同，统计长江经济带各省市的夜间灯光强度数据与单位 GDP 水资源消耗量的信息，计算二者的相关系数。结果发现，夜间灯光强度数据与单位 GDP 水资源消耗量的相关系数均为负值，说明两者为负相关关系，表示经济发展越好的地方，水资源利用率越高，产生相同 GDP 所依赖的水资源量越小。经济发展对水资源依赖度相对较高的省份为湖北、安徽、贵州、云南等（图 11-8）。

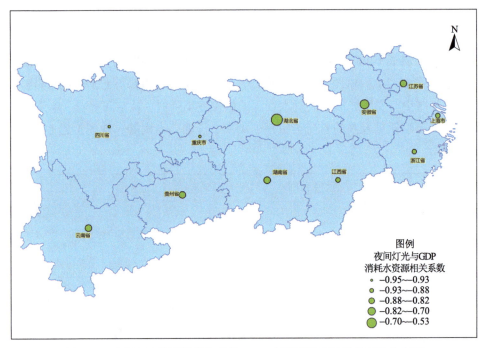

图 11-8　夜间灯光强度数据与单位 GDP 水资源消耗量相关系数分布图

11.4　长江经济带发展重心变化分析

　　城市集中建设区的空间扩张是经济发展在空间上的重要表征。利用 1992～2013 年 DMSP/OLS 和 2014～2018 年 VIIRS 夜间灯光数据，经数据一致性处理后，采用阈值分割的方法获取了长江经济带中各省市的 1992～2018 年城市建成区范围。通过分析城市建成区的重心变化，发现长江经济带 1992～2018 年的经济发展重心转移过程及规律。

　　分别计算 1992～2018 年的长江经济带城市建成区重心，在空间上将点位标记对应年份，分析发现，1992～2018 年，长江经济带整体重心变化方向分两个阶段：1992～2008 年，长江经济带的经济发展重心主要向东迁移；2009～2018 年，发展重心总体向西迁移（图 11-9）。

　　分析各省市的经济重心迁移规律发现，不同省市的发展重心变化趋势各异（图 11-10），其中，四川为先向西南再向东北，云南为先向西再向北，重庆为阶梯状向西南方扩展，贵州为向四周扩散式发展，湖北为向东南方向发展，湖南为渐进式向西发展，安徽为由中心向东南和西北发展，江西为先向北再向南扩展，江苏为向东南方向发展，上海为向西向扩散式发展，浙江为四周扩散式发展。

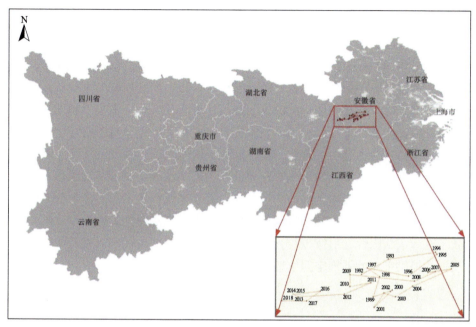

图 11-9　长江经济带主体建成区重心示意图

图 11-10　长江经济带各省市重心迁移情况

11.5 本 章 总 结

本章以与人类经济社会活动密切相关的夜光遥感数据为主，结合统计数据对长江经济带人口和 GDP 进行了空间化，并分析了长江经济带人口和 GDP 长时序时空变化规律；研究了长江经济带各省市经济发展与煤炭和水资源消耗的关联性；基于夜光数据提取的城市集中建设区，分析了各省市经济发展的重心迁移规律，从宏观尺度分析了长江经济带经济发展规律，可为长江经济带发展和规划提供信息支撑。

相比于普通的遥感卫星手段，夜光遥感更直接反映人类经济活动，被广泛应用于社会经济参量估算、城市化进程评估、生态环境评估及公共健康等领域，已经逐渐成为遥感领域发展活跃的一个分支。近年来我国也发射了多颗夜光遥感卫星，打破了夜光遥感数据源依赖国外的局面，少数卫星夜光遥感影像分辨率甚至达到了亚米级。因此，后续以夜光遥感为主要数据源的应用和研究将为社会经济发展评估提供更多的地理空间信息。

第 12 章　青岛市自然资源卫星遥感监测与综合分析

青岛市是山东省副省级城市、计划单列市，也是国务院批复确定的中国沿海重要中心城市和滨海度假旅游城市、国际性港口城市。2017 年以来，为了加强自然资源管理，利用国产高分辨率卫星遥感影像数据持续开展了青岛市全要素自然资源季度变化遥感监测监管工作，形成了覆盖青岛市全域地表全要素变化遥感监测成果，在自然资源调查、督察执法、用地批后监管等业务中发挥了重要作用。

为了进一步挖掘自然资源要素遥感监测结果与城市发展、人类活动、社会经济等的关联关系，本章利用青岛市地表全要素变化遥感监测成果，结合社会经济资料等，从地表要素变化、重大工程进度、社会经济发展等多个角度，开展了青岛市自然资源卫星遥感监测与综合分析工作，为区域国土空间规划、监督实施、效果评估等工作提供了信息支撑和应用示范。

12.1　地表全要素变化遥感监测结果分析

12.1.1　数据概况

青岛市地表全要素变化监测以高分辨率卫星遥感影像数据为主要数据源，通过影像即时获取、快速处理、即时监测图斑快速提取、季度全覆盖监测图斑精准提取等流程，形成了覆盖青岛市全域的地表全要素变化监测成果。地表全要素遥感监测数据基本信息和分类体系如表 12-1 和表 12-2 所示。本章采用的地表变化季度监测成果共 13 期，月度监测成果共 35 期。地表全要素监测分类包括 15 个一级类、41 个二级类。

表 12-1　地表全要素遥感监测数据基本信息

年份	季度		月度	
	数据覆盖时间	计数	数据覆盖时间	计数
2017	第一至四季度	4	无	0
2018	第一至四季度	4	5～12 月	8
2019	第一至四季度	4	1～12 月	12
2020	第一季度	1	2～12 月	11
2021	无	0	1～4 月	4
期数合计		13		35

表 12-2　地表全要素遥感监测分类体系

序号	一级类	说明	二级类	说明
1	1	前时相影像有植被覆盖或明显非建设痕迹，后时相影像有明显建设特征（如地基、建筑物、构筑物、广场、公园等）	A	可确定为住宅小区、工厂、高层建筑、集中建设的大规模农村居民点、学校、运动场、机场等大型建设项目及可确定为以上用地类型的建设地基。其中，新建机场在属性项"tz"中标注"JC"，火车站标注"CZ"
2			B	不能明确归为 A 类的建筑或建设项目，具有或疑似彩钢特征的建设项目，零散分布的农村居民点，以及已建项目内部新建或扩建的附属绿地、广场、停车场
3			C	内陆地区大型水工建筑、港口码头、水库水面等。新建水库需将水库堤坝等水工建筑与水库水面分开提取，且水库水面应在属性项"tz"中标注"S"
4			D	非建设用地附属的独立广场、停车场、露天货站等以地面硬化为主的用地
5			E	休憩及美化环境的绿化用地
6			F	简易的疑似设施农用地或简易临时建筑
7	2	前时相影像有植被覆盖或明显非建设痕迹，后时相影像有明显建设推填土特征		
8	3	前时相影像有明显建设推填土特征，后时相影像有明显建设特征（如地基、建筑物、构筑物、广场、公园等），或前时相影像为低矮建筑，后时相影像翻建为较大规模建筑，如居住小区、高层建筑或规模化工厂等，此类翻建图斑在"tz"属性项中标注"F"	A	可确定为住宅小区、工厂、高层建筑、集中建设的大规模农村居民点、学校、运动场、机场等大型建设项目及可确定为以上用地类型的建设地基。其中，新建机场在属性项 "tz"中标注"JC"，火车站标注"CZ"
9			B	不能明确归为 A 类的建筑或建设项目，具有或疑似彩钢特征的建设项目，零散分布的农村居民点，以及已建项目内部新建或扩建的附属绿地、广场、停车场
10			C	内陆地区大型水工建筑、港口码头、水库水面等。新建水库需将水库堤坝等水工建筑与水库水面分开提取，且水库水面应在属性项"tz"中标注"S"
11			D	非建设用地附属的独立广场、停车场、露天货站等以地面硬化为主的用地
12			E	休憩及美化环境的绿化用地
13			F	简易的疑似设施农用地或简易临时建筑

续表

序号	一级类	说明	二级类	说明
14	4	内部无建设痕迹的新建院墙		
15			A	供地图斑全部建设或者未用面积≤1/3，提取整个图斑为建设图斑
16	5	"供而未用"图斑	B	供地图斑部分发生建设且1/3＜未用面积＜2/3，提取整个图斑为部分供而未用图斑
17			C	供地图斑全部未用或者未用面积≥2/3，提取整个图斑为全部供而未用图斑
18	6	未拆除的"拟拆除图斑"		
19		前时相影像有植被覆盖或没有明显建设，后时相影像有明显道路或大型沟渠特征（包括在建推土、搭建桥墩等），或前时相影像道路或大型沟渠在建，后时相影像明显建成特征（包括路面硬化、运行通车等）。对于新增道路需图上量取路面宽度，在属性项"tz"中进行标注，单位为"m"，宽度不均匀路面采用平均值	A	基本建成的新增道路。表现为路边无堆土、路基基本成型、已具备通车条件等。其中，前时相在建，后时相硬化、铺油等建成的，在"tz"属性项中标注"Y+宽度"，如路面宽度为10m的道路，在"tz"属性项中标注"Y10"
20	7		B	动土在建的新增道路。表现为路面不平整、路边有堆土、路面宽度不均匀、分段在建等
21			C	在建或建成的大型开发建设区域内部路网
22			D	在建或建成的大型沟渠
23			A	新增围海项目
24	8	新增围填海造地	B	新增填海造地
25			C	尚未封闭的围海堤坝及其他伸入海中的线状水工建筑
26	9	未拆除的临时用地图斑	A	仍保持原状或仅部分拆除
27			B	在原基础上扩建、加高等进一步规模扩大
28	10	新增高尔夫球场用地	A	前时相无高尔夫球场，后时相新建球场
29			B	在已有高尔夫球场基础上向外扩建部分
30			A	占用农用地的光伏用地
31	11	新增光伏用地	B	占用非农用地的光伏用地
32			C	部分占用农用地，部分占用非农用地的光伏用地
33			A	搬迁企业用地已拆除
34	12	搬迁企业用地	B	搬迁企业用地部分拆除
35			C	搬迁企业用地未开始拆除
36	13	旧城旧村改造用地	A	旧城旧村改造用地已净场地
37			B	旧城旧村改造用地部分净场地
38	14	矿产资源规划及开发状况遥感监测	A	前时相影像有植被覆盖或明显非建设痕迹，后时相影像有明显矿山开采[新增采场、矿山建（构）筑物等]特征

序号	一级类	说明	二级类	说明
39	14	矿产资源规划及开发状况遥感监测	B	前时相影像有矿山开采特征，后时相影像开采范围、标高发生变化特征，或变为矿石堆存区、选矿区、尾矿堆存区、采空塌陷区、矿山疏排水区等
40			C	前时相影像有明显矿山开采特征，后时相影像变为植被覆盖或建设用地特征
41	15	前时相影像有明显建设特征，后时相影像为推填土特征或明显非建设痕迹		

12.1.2 监测结果分析

1. 季度地表全要素遥感监测

2017 年以来，季度监测地表变化图斑面积总量总体呈现逐渐下降的趋势。季度变化最大值出现在 2017 年第二季度；最小值出现在 2018 年第二季度。从图斑变化类型看，面积最大的类型为推填土转为不透水面、植被转为推填土、植被或在建转为道路沟渠三类，分别占多季度变化总量的 32.54%、30.03%、18.35%，上述三类变化面积共占地表变化总量的 80.92%；内部无建设痕迹的新建院墙、矿山资源开采、新增高尔夫球场等类型面积较小，占季度地表变化总量比例均小于0.01%。

为便于不同时期统计及对比分析，将 15 个一级类归并为道路沟渠、绿化面积、推填土、不透水面等四类信息。各季度道路沟渠、绿化面积、推填土、不透水面图斑面积占比平均值分别为 18.35%、2.12%、35.14%、44.39%，不透水面图斑面积最大，绿化图斑面积最小。其中，不透水面图斑在 2017 年第一季度至 2018 年第一季度共 5 个季度中的比值均超过 50%，其后占比降至 30% 左右；而推填土类初始值保持在 20% 左右，从 2018 年第三季度起占比一直保持 40% 以上，表明自 2018 年起，青岛市域范围内动土动工活动较多，建设活动活跃（图 12-1）。

2017～2019 年青岛市各区市地表变化遥感监测结果显示，中心城区、次中心城区及外围组团的地表变化总量分别占全市的 44.17%、40.04% 及 15.79%。其中，中心城区的黄岛区季度监测变化面积最大；中心城区的市南区变化面积最小。青岛市的地表变化主要位于中心城区的黄岛区和次中心城区内（图 12-2）。

图 12-1　季度全要素遥感监测图斑面积分布图

2017S1 代表 2017 年第一季度，以此类推。下同

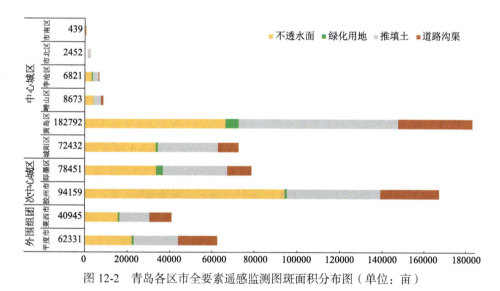

图 12-2　青岛各区市全要素遥感监测图斑面积分布图（单位：亩）

2. 月度地表全要素遥感监测

相对于季度监测，月度监测更能体现城市甚至区县尺度地表全生命周期的变化过程。自 2018 年 5 月起共 35 期地表变化监测结果显示，月度监测图斑个数平均值为 1500 个，月度监测图斑面积总量基本保持在 1 万～2 万亩内。从变化图斑类型看，面积最大的为植被转为推填土、推填土转为建设用地、植被或在建转为道路沟渠三类，分别占月度变化总量的 40.92%、32.24%、19.97%，上述三类

变化面积共占总量的 93.13%；新增光伏用地、新增围填海造地、建设用地转非、植被转变为建设用地等 4 类的面积占比分别为 0.02%、0.51%、3.05%、3.29%；而内部无建设痕迹的新建院墙、未拆除的"拟拆除图斑"、未拆除的"临时用地图斑"、新增高尔夫球场、矿山资源开采等 5 类在监测期内面积非常小。

各月度道路沟渠、绿化面积、推填土、不透水面图斑面积占比平均值分别为 19.97%、1.64%、43.97%、34.43%，推填土类图斑面积最大，绿化类图斑面积最小。其中，推填土类图斑面积自 2019 年 3 月以来的占比基本超过 40%；除少数月份外，不透水面面积占比稳定在 30% 左右（图 12-3）。由此可见，相对于季度监测，月度监测图斑的道路沟渠、绿化面积类占比基本相同；但推填土、不透水面的图斑面积比例相反，表明月度监测在时间空间上更能体现建设活动的内部发展过程。

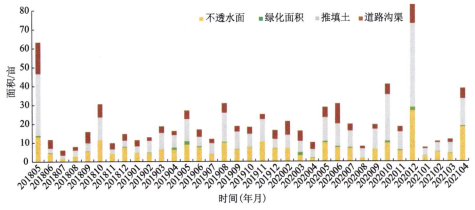

图 12-3　月度全要素遥感监测图斑面积分布图
受疫情影响无 2020 年 1 月数据

12.1.3　推填土全生命周期遥感监测

推填土作为重要的地表类型，转化去向既可以是建设用地，也可能是植被，体现了建设活动和绿化或生态修复活动。为了分析青岛市推填土图斑的转化过程，在全要素遥感监测图斑总量及构成比例分析的基础上，进一步利用季度地表变化数据分析了推填土全生命周期变化。2017 年以来，推填土总量呈上升趋势，但转变为建设用地的比例较低。从 2017 年第一季度至 2020 年第一季度，各季度推填土总量虽有波动，但整体上升趋势明显。其中，2017 年第一季度至 2018 年第二季度，推填土总量较小，除 2017 年第二季度以外，其余季度均在 10km^2 以下；自 2018 年第三季度以来，推填土总量大幅增加，最高为 2019 年第四季度（图 12-4）。

图 12-4　推填土总量分布图

　　对推填土转变为建设用地情况进行统计, 结果表明, 推填土转变率低于 50%。截至 2020 年第一季度末, 2017 年第一季度的推填土仅有 48.20% 转变为建设用地, 2019 年第四季度的推填土则仅有 3.77% 转变为建设用地 (表 12-3)。

表 12-3　推填土季度变化统计表　　　　　　　　（单位：%）

统计期	基期											
	2017 S1	2017 S2	2017 S3	2017 S4	2018 S1	2018 S2	2018 S3	2018 S4	2019 S1	2019 S2	2019 S3	2019 S4
2017S2	16.87	—										
2017S3	27.60	6.41	—									
2017S4	39.58	19.31	13.44	—								
2018S1	43.58	23.49	18.55	5.50	—							
2018S2	44.13	24.52	22.03	10.45	6.54	—						
2018S3	45.69	25.96	23.72	17.26	11.04	7.18	—					
2018S4	46.97	27.90	25.29	22.34	17.82	13.59	7.67	—				
2019S1	47.35	29.57	27.17	28.42	22.96	18.50	16.39	7.60	—			
2019S2	47.51	30.55	28.09	31.16	26.11	29.64	22.20	15.23	10.05	—		
2019S3	47.65	31.46	29.30	33.94	28.05	37.76	29.01	23.60	21.68	8.99	—	
2019S4	48.15	32.48	29.67	35.56	30.88	45.86	34.47	29.95	32.30	16.04	19.34	—
2020S1	48.20	32.82	29.88	36.43	31.18	47.69	36.25	32.20	35.11	18.66	27.77	3.77

　　统计结果显示, 青岛市 3 年多来新增推填土呈逐年上升态势 (图 12-5)。空间上主要分布在胶州湾沿岸及各区市的中心区域。其中, 黄岛区最多, 约占全市总量的 1/3; 市南区新增推填土最少 (图 12-6)。

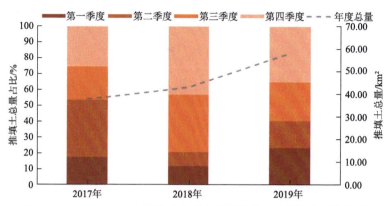

图 12-5　2017～2019 年青岛市各季度新增推填土总量及占比柱状图

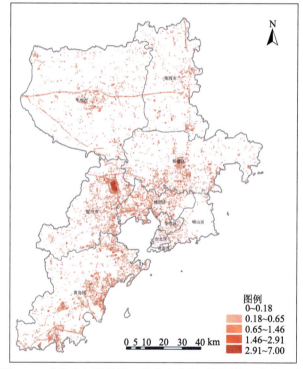

图 12-6　青岛市新增推填土分布密度格网图（格网大小 4″）

　　从新增推填土的热力图分析发现，新增推填土发生转化的热点区域主要位于黄岛区东部、东北部及胶州市东北部地区。其余转化趋势明显的区域多分布在胶州湾北岸城区、西岸城区等中心城区及即墨组团、平度组团、莱西组团等外围组团，与青岛城市规划的发展方向吻合（图 12-7）。

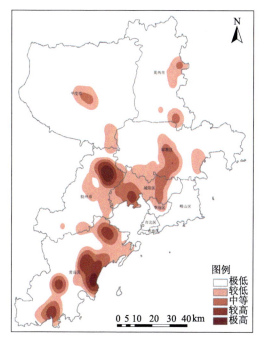

图 12-7　青岛市新增推填土变化密度热力图

青岛市推填土的转化类型可归纳为不透水面、道路沟渠、绿化面积，分别占转化总量的 87%、9%、4%。可见，近九成的新增推填土将会转变为房屋建筑、广场等城市不透水层（图 12-8）。

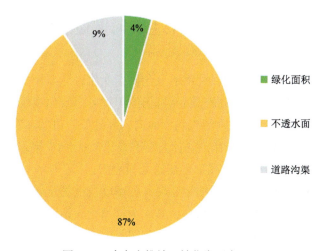

图 12-8　青岛市推填土转化类型占比图

将各区市各年度推填土增量与转为建设类的面积聚类，可得到四个象限的统计结果。10 个区市的四年结果基本位于第一、第三象限，呈现新增推填土多-转化多以及新增推填土少-转化少的"两极分化"态势。其中，城阳区、黄岛区、即墨区、胶州市基本分布于第一象限，新增推填土及转化量均高；市南区、市北区、崂山区、李沧区分布于第三象限，即新增推填土及转化量均低。可见，中心城区的建设活动远少于外围组团。次中心城区的新增推填土量及其转化量位于中心城区与外围组团之间（图 12-9）。

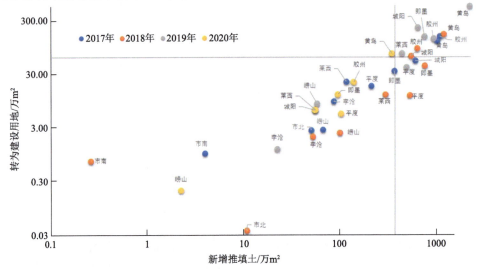

图 12-9　青岛各区市新增推填土与转为建设用地面积聚类图

12.2　重大工程全生命周期遥感监测

以青岛胶东国际机场为例，利用地表全要素变化遥感监测结果，对重大工程建设进展情况开展分析。青岛胶东国际机场位于青岛市胶州市胶东街道，为山东首座 4F 级国际机场、区域性枢纽机场、面向国际的门户机场。2016 年 3 月，机场跑道工程开工；2017 年 11 月，空管工程正式开工；2018 年，机场进入主体工程施工阶段；2020 年 6 月，机场工程建设全面竣工。

青岛胶东国际机场季度监测结果发现，各季度其他类型转为不透水面的面积最多，在四类中的平均占比超过 90%，其次为推填土、道路沟渠，最后为绿化类用地。从各类型的面积分布情况可知，大范围、大面积的施工集中在 2017 年至2018 年第一季度，自 2018 年第二季度起，机场动工面积数量明显减小，而道路沟渠类转化面积占比有所上升（图 12-10）。利用青岛胶东国际机场 2017～2019

年的季度影像分析机场的建设过程，机场范围内的地表由推填土状态逐渐转化为
建筑物、绿化及道路等类型（表 12-4）。

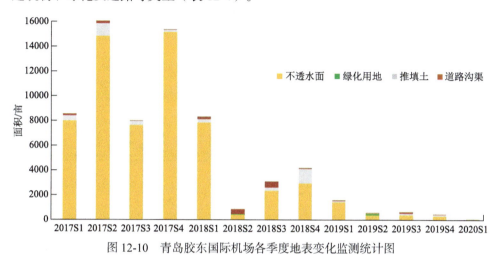

图 12-10　青岛胶东国际机场各季度地表变化监测统计图

表 12-4　青岛胶东国际机场 2017～2019 年各季度遥感影像截图

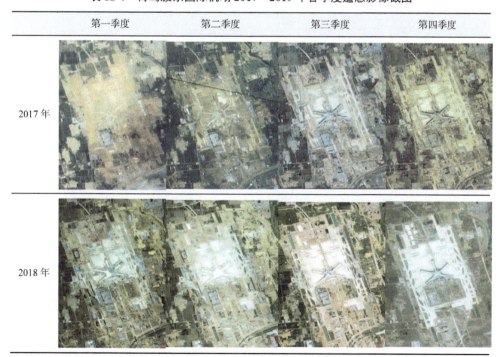

第一季度	第二季度	第三季度	第四季度

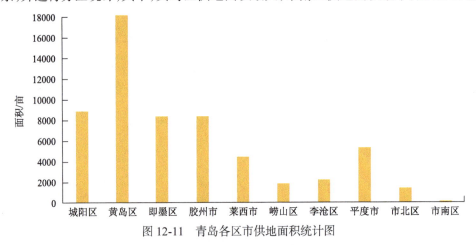

12.3　地表变化与经济指标关联分析

为了探索地表全要素遥感监测结果与青岛市经济社会发展关键指标的关系，分析青岛市地表全要素变化监测成果与供地、房价和 GDP 之间的关联关系。

12.3.1　供地区域地表变化分析

利用青岛市批供用等管理数据，按照行政区范围筛选得到供地数据共 2.2 万条，并进行分区统计，其中，黄岛区供地面积最大，市南区供地面积最小（图 12-11）。

图 12-11　青岛各区市供地面积统计图

将供地数据与月度监测数据进行叠加分析。结果表明，共有约 20 万亩的供地面积发生了转化，转化为道路、绿化、推填土、建设四大类的面积占比分别为 8.3%、0.5%、34.2%、57%。黄岛区转化面积占比最大，为 35.7%；市北区转化面积最小，不到 0.1%（图 12-12）。

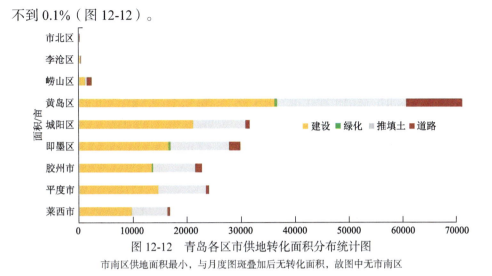

图 12-12　青岛各区市供地转化面积分布统计图

市南区供地面积最小，与月度图斑叠加后无转化面积，故图中无市南区

12.3.2　房价与供地及地表变化的关系

通过互联网爬取青岛市房屋单价信息共计 800 余条，经人工验核并分区市取均值。使用同区市供地面积、地表监测数据中的建设类面积，与房屋单价均值进行相关分析。结果表明，房屋单价与供地面积、建设类面积均呈负相关关系，相关系数分别为 0.56 和 0.69，与地表监测建设类图斑面积的负相关系数更高（图 12-13）。

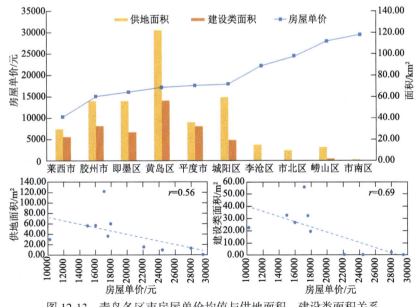

图 12-13　青岛各区市房屋单价均值与供地面积、建设类面积关系

12.3.3 各区市推填土转化与 GDP 相关性

推填土的转化体现了建设、绿化等工程建设过程，与经济发展密切相关。因此，利用各区市 GDP 统计资料分析了推填土转化量占比与 GDP 占比的相关性。结果表明，各区市的推填土转化量与其 GDP 总量之间具有很好的正相关关系，相关系数达到 0.89（图 12-14）。

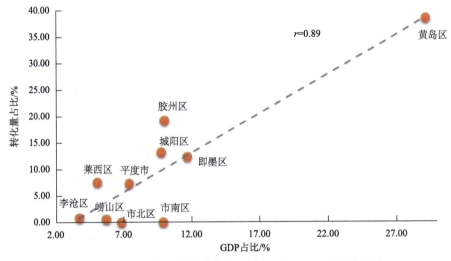

图 12-14 青岛各区市推填土转化量占比与 GDP 占比散点图

12.4 本章总结

地表全要素变化遥感监测具有长时序、空间化的显著特征，可客观真实全面地反映每一个地块的全生命周期地表变化。对青岛市开展季度-月度地表全要素遥感监测发现，该监测模式不仅可以实现"管好每一寸国土"的要求，支撑空间规划、用途管制、增减挂钩、占补平衡等各类业务开展，并且长时序的监测成果因其丰富的时间空间和属性信息与其他数据融合分析可以挖掘更多的社会经济发展规律。

随着国产卫星数量的增加及其覆盖频次和能力逐步提高，目前 2m 级分辨率国产公益类卫星可以实现全国尺度季度和北方地区月度覆盖，亚米级分辨率卫星可以实现全国年度覆盖。卫星遥感影像快速处理和基于深度学习的地表目标要素提取与变化检测技术使得全国地表变化季度监测成为可能，将有力满足空间上"管好用好每一寸国土"，时间上"早发现、早制止、严查处"的自然资源管理需求。

参 考 文 献

包科迪, 孟祥超, 邵枫, 等. 2022. 全色/多光谱融合影像的 MVG 无参考质量评价. 遥感学报, 26 (3): 568-578.

贾进, 童晓冲, 周成虎, 等. 2015. 正八面体的六边形离散格网系统生成算法. 地球信息科学学报, 17 (7): 789-797.

蔡玉梅, 王国力, 陆颖, 等. 2014. 国际空间规划体系的模式及启示. 中国国土资源经济, 27(6): 67-72.

曹伏天, 刘朝功. 2022. 基于地理国情监测数据开展第三次全国国土调查督察的技术研究. 自然资源信息化, (1): 59-64.

陈军, 彭舒, 赵学胜, 等. 2019. 顾及地理空间视角的区域SDGs综合评估方法与示范. 测绘学报, 48 (4): 473-479.

程爱国, 宁树正, 袁同兴. 2011. 中国煤炭资源综合区划研究. 中国煤炭地质, 23 (8): 5-8.

程承旗, 吴飞龙, 王嵘, 等. 2016. 地球空间参考网格系统建设初探. 北京大学学报(自然科学版), 52 (6): 1041-1049.

程维明, 周成虎, 李炳元, 等. 2019. 中国地貌区划理论与分区体系研究. 地理学报, 74 (5): 839-856.

崔本义. 2008. 山西省林业区划体系研究. 山西林业科技, (1): 14-16.

董南, 杨小唤, 蔡红艳. 2016. 人口数据空间化研究进展. 地球信息科学学报, 18 (10): 1295-1304.

杜宁睿, 邓冰. 2001. 细胞自动机及其在模拟城市时空演化过程中的应用. 武汉大学学报(工学版), (6): 8-11.

杜晓慧. 2015. 新时期我国矿产资源区划工作探讨. 矿物学报, 35 (S1): 811.

樊杰. 2015. 中国主体功能区划方案. 地理学报, 70 (2): 186-201.

范莉. 2006. 重庆市景观格局及其时空变化的遥感定量研究. 重庆: 西南大学.

方创琳, 刘海猛, 罗奎, 等. 2017. 中国人文地理综合区划. 地理学报, 72 (2): 179-196.

方忠权, 丁四保. 2008. 主体功能区划与中国区域规划创新. 地理科学, (4): 483-487.

傅伯杰, 刘国华, 陈利顶, 等. 2001. 中国生态区划方案. 生态学报, (1): 1-6.

高以信, 李明森. 1995. 青藏高原土壤区划. 山地研究, (4): 203-211.

龚健雅, 许越, 胡翔云, 等. 2021. 遥感影像智能解译样本库现状与研究. 测绘学报, 50 (8): 1013-1022.

龚瑞昆, 刘昊晟, 张仲, 等. 2022. 采用全卷积神经网络与多波段遥感图像结合的湿地分类方法.

华北理工大学学报(自然科学版), 44 (4): 26-34.

龚文峰. 2007. 基于 RS 和 GIS 松潘地区天然林景观动态过程与分类研究. 哈尔滨: 东北林业大学.

韩笑. 2010. 枣庄市旅游区划及分区开发研究. 枣庄学院学报, 27 (5): 116-121.

侯学煜. 1988. 中国自然地理-下册-植物地理, 中国植被地理. 北京: 科学出版社.

胡焕庸. 1990. 中国人口的分布、区划和展望. 地理学报, (2): 139-145.

黄秉维. 1958. 中国综合自然区划的初步草案. 地理学报, (4): 348-365.

黎夏, 叶嘉安, 王树功, 等. 2006. 红树林湿地植被生物量的雷达遥感估算. 遥感学报, (3): 387-396.

李传永. 2000. 试论我国的行政区划. 四川师范学院学报(哲学社会科学版), (4): 27-31.

李德仁. 2012. 我国第一颗民用三线阵立体测图卫星——资源三号测绘卫星. 测绘学报, 41 (3): 317-322.

李德仁, 李熙. 2015. 夜光遥感技术在评估经济社会发展中的应用——兼论其对"一带一路"建设质量的保障. 宏观质量研究, 3 (4): 1-8.

李德仁, 余涵若, 李熙. 2017. 基于夜光遥感影像的"一带一路"沿线国家城市发展时空格局分析. 武汉大学学报(信息科学版), 42 (6): 711-720.

李德仁, 张过, 沈欣, 等. 2019. 珞珈一号 01 星夜光遥感设计与处理. 遥感学报, 23 (6): 1011-1022.

李树涛, 李聪妤, 康旭东. 2021. 多源遥感图像融合发展现状与未来展望. 遥感学报, 25 (1): 148-166.

李小曼, 王刚, 李锐. 2008. 基于 DEM 的沟缘线和坡脚线提取方法研究. 水土保持通报, (1): 69-72.

李阳. 2015. 基于资源三号卫星立体像对的 DEM 提取及精度分析. 成都: 成都理工大学.

李振洪, 宋闯, 余琛, 等. 2019. 卫星雷达遥感在滑坡灾害探测和监测中的应用: 挑战与对策. 武汉大学学报(信息科学版), 44 (7): 967-979.

厉伟, 王启仿, 但承龙. 2003. 加入 WTO 后的中国农业区划政策. 地域研究与开发, (2): 64-66.

梁顺林, 李小文, 王锦地, 等. 2013. 定量遥感. 北京: 科学出版社.

廖星宇. 2017. 深度学习入门之 PyTorch. 北京: 电子工业出版社.

刘国华, 傅伯杰. 1998. 生态区划的原则及其特征. 环境科学进展, (6): 68-73.

刘纪平, 董春, 王亮, 等. 2020. 地理国情统计分析技术与实践. 北京: 科学出版社.

刘沛林, 刘春腊, 邓运员, 等. 2010. 中国传统聚落景观区划及景观基因识别要素研究. 地理学报, 65 (12): 1496-1506.

刘铁冬. 2011. 四川省杂谷脑河流域景观格局与生态脆弱性评价研究. 哈尔滨: 东北林业大学.

刘彦随, 张紫雯, 王介勇. 2018. 中国农业地域分异与现代农业区划方案. 地理学报, 73 (2): 203-218.

吕雪锋, 廖永丰, 程承旗, 等. 2014. 基于 GeoSOT 区位标识的多源遥感数据组织研究. 北京大学学报(自然科学版), 50 (2): 331-340.

毛娟娟, 周珉羽, 韩文友, 等. 2021. 重庆市典型山地丘陵地区第三次全国国土调查地类认定技术方法探讨与实践. 农业与技术, 41 (24): 95-99.

潘竟虎, 从忆波. 2014. 基于景点空间可达性的中国旅游区划. 地理科学, 34 (10): 1161-1168.

朴飞. 2013. 论我国行政区划的发展趋势. 长春理工大学学报(社会科学版), 26 (8): 30-31, 46.

芮杰. 2017. 多源遥感数据测绘应用关键技术研究. 北京: 中国科学院大学(中国科学院遥感与数字地球研究所).

史文中. 2013. 地理国情监测理论与技术. 北京: 科学出版社.

舒弥, 杜世宏. 2022. 国土调查遥感 40 年进展与挑战. 地球信息科学学报, 24 (4): 597-616.

宋树华, 程承旗, 濮国梁, 等. 2014. 全球遥感数据剖分组织的 GeoSOT 网格应用. 测绘学报, 43 (8): 869-876.

苏世亮, 杜清运, 翁敏. 2018. 面向规划决策的地理国情服务. 北京: 科学出版社.

孙园钦. 2017. 基于 Theano 深度学习框架的图像识别算法研究. 长春: 吉林大学.

汤国安, 刘学军, 闾国年, 等. 2005. 数字高程模型及地学分析的原理与方法. 北京: 科学出版社.

唐文睿, 马琳, 朱思祁, 等. 2022. 基于卫星高光谱遥感的水体和林木面积测绘. 应用光学, 43 (5): 886-892.

唐新明, 李世金, 李涛, 等. 2021. 全球数字高程产品概述. 遥感学报, 25 (1): 167-181.

唐新明, 周平, 等. 2018. 资源三号卫星影像产品及其应用. 北京: 科学出版社.

涂铭, 金智勇. 2021. 深度学习与目标检测. 北京: 机械工业出版社.

王磊. 2022. 基于无人机多光谱和热红外遥感的玉米种植区土壤水分反演. 银川: 宁夏大学.

王璐, 艾廷华. 2019. 正六边规则格网表达的 DEM 谷地线提取. 测绘学报, 48 (6): 780-790.

王平. 2022. 热红外遥感技术在钢铁去产能监测中的应用. 自然资源遥感, 35(2): 271-276.

王桥, 吴传庆, 厉青. 2010. 环境一号卫星及其在环境监测中的应用. 遥感学报, 14 (1): 104-121.

王喆, 连炎清, 李晓娜, 等. 2022. 基于机器学习的浐灞河水质参数遥感反演研究. 人民长江, 53 (9): 13-18.

邬伦, 刘瑜, 张晶, 等. 2001. 地理信息系统. 北京: 科学出版社.

吴必虎. 1996. 中国文化区的形成与划分. 学术月刊, (3): 10-15.

吴次芳, 叶艳妹, 吴宇哲, 等. 2019. 国土空间规划. 北京: 地质出版社.

席承藩, 张俊民. 1982. 中国土壤区划的依据与分区. 土壤学报, (2): 97-109, 212.

谢高地, 张昌顺, 张林波, 等. 2012. 保持县域边界完整性的中国生态区划方案. 自然资源学报, 27 (1): 154-162.

谢剑斌, 陈芬. 2003. 关于我国林业行业性空间管理框架的思考. 生态学杂志, (5): 137-141.

熊怡, 张家祯, 赵楚年, 等. 1995. 中国水文区划. 北京: 科学出版社.

徐锋, 孙婷婷. 2021. 基于国土调查的地理国情监测研究. 测绘通报, (S1): 96-99.

徐锋, 王海涛, 张娜, 等. 2022. 国土调查与地理国情数据对比分析方法研究. 地理空间信息, 20 (2): 5-8.

徐文铎, 何兴元, 陈玮, 等. 2008. 中国东北植被生态区划. 生态学杂志, (11): 1853-1860.

晏实江, 汤国安, 李发源, 等. 2011. 利用 DEM 边缘检测进行黄土地貌沟沿线自动提取. 武汉大学学报(信息科学版), 36 (3): 363-367.

杨军, 王筱宇. 2022. GF-2 和 Sentinel-2 全色多光谱影像融合方法比较研究. 测绘科学, 47 (1): 112-120.

杨吾扬, 梁进社. 1992. 中国的十大经济区探讨. 经济地理, (3): 14-20.

于丙辰, 刘玉轩, 陈刚. 2018. 基于夜光遥感与 POI 数据空间耦合关系的南海港口城市空间结构研究. 地球信息科学学报, 20 (6): 854-861.

袁文, 马蔼乃, 管晓静. 2005. 一种新的球面三角投影: 等角比投影(EARP). 测绘学报, (1):

78-84.

张兵. 2016. 高光谱图像处理与信息提取前沿. 遥感学报, 20 (5): 1062-1090.

张国平, 赵琳娜, 许凤雯, 等. 2010. 基于流域结构分析的中国流域划分方案. 北京师范大学学报(自然科学版), 46 (3): 417-423.

张海燕, 樊江文, 黄麟, 等. 2020. 中国自然资源综合区划理论研究与技术方案. 资源科学, 42 (10): 1870-1882.

张凯, 于航. 2022. 基于深度学习的遥感图像土地分类研究. 计算机时代, (9): 108-110, 114.

张能恭, 蔡赞吉, 李波, 等. 2021. 国土空间规划大数据辅助系统关键技术及应用. 浙江省宁波市规划设计研究院.

张鹏, 郭正鑫, 刘振军. 2022. 高光谱卫星影像水质遥感反演. 测绘通报, (S2): 206-211.

张仁华. 1999. 对于定量热红外遥感的一些思考. 国土资源遥感, (1): 5-10.

张智韬, 黄小鱼, 陈钦达, 等. 2022. 基于遥感数据同化的土壤含盐量估算方法. 农业机械学报, 53 (7): 197-207.

赵栋义, 陈浩. 1991. 湖南省人口区划的理论与方法. 长沙水电师院学报(社会科学版), (2): 95-98.

赵汝植. 1989. 非地带性因素在四川综合自然区划中的作用. 西南师范大学学报(自然科学版), (2): 95-102.

赵英时, 陈冬梅, 杨立明, 等. 2013. 遥感应用分析原理与方法. 北京: 科学出版社.

郑达贤, 陈加兵. 2007. 以流域为基本单元的中国自然区划新方案. 亚热带资源与环境学报, (3): 10-15.

郑景云, 尹云鹤, 李炳元. 2010. 中国气候区划新方案. 地理学报, 65 (1): 3-12.

周飞燕, 金林鹏, 董军. 2017. 卷积神经网络研究综述. 计算机学报, 40 (6): 1229-1251.

周佳玮, 涂理林, 陈洪建, 等. 2022. 融合空间和时序遥感信息的深度学习水稻提取. 地理空间信息, 20 (2): 39-44.

周艺, 王世新, 朱金峰, 等. 2018. 主体功能区遥感监测方法与应用. 北京: 科学出版社.

朱敏, 关忠良, 陈景艳. 2000. 系统动力学方法在环境经济学中的应用. 数量经济技术经济研究, (10): 59-61.

庄少勤, 赵星烁, 李晨源. 2020. 国土空间规划的维度和温度. 城市规划, 44 (1): 9-13, 23.

邹馨, 刘健, 张杰, 等. 2022. 基于高分7号卫星立体像对的DEM提取及其精度评定. 江西科学, 40 (3): 502-507.

Anselin L. 1988. Spatial Econometrics: Methods and Models. Alphen ann den Rijn: Kluwer Academic Publishers, 36 (1): 160.

Cliff A D, Ord J K. 1981. Spatial Processes. London: Pion Ltd.

Forman R T T. 1995. Some general principles of landscape and regional ecology. Landscape Ecology, 10 (3): 133-142.

Guo H, Huang J J, Chen B, et al. 2021. A machine learning-based strategy for estimating non-optically active water quality parameters using Sentinel-2 imagery. International Journal of Remote Sensing, 42 (5): 1841-1866.

Jacquemoud S, Ustin S L, Verdebout J, et al. 1996. Estimating leaf biochemistry using the PROSPECT leaf optical properties model. Remote Sensing of Environment, 56 (3): 194-202.

Karthikeyan L, Pan M, Wanders N, et al. 2017. Four decades of microwave satellite soil moisture observations: Part 2. Product validation and inter-satellite comparisons. Advances in Water Resources, 109: 236-252.

Kawanishi T, Sezai T, Ito Y, et al. 2003. The advanced microwave scanning radiometer for the earth observing system (AMSR-E), NASDA's contribution to the EOS for global energy and water cycle studies. IEEE Transactions on Geoscience and Remote Sensing, 41 (2): 184-194.

Li X, Strahler A H. 1986. Geometric-optical bidirectional reflectance modeling of a conifer forest canopy. IEEE Transactions on Geoscience and Remote Sensing, GE-24 (6): 906-919.

Pierdicca N, Pulvirenti L, Bignami C. 2009. Soil moisture estimation over vegetated terrains using multitemporal remote sensing data. Remote Sensing of Environment, 114 (2): 440-448.

Qi J, Xie D, Yin T, et al. 2019. LESS: LargE-Scale remote sensing data and image simulation framework over heterogeneous 3D scenes. Remote Sensing of Environment, 221: 695-706.

Qin W, Gerstl S A W. 2000. 3-D scene modeling of semidesert vegetation cover and its radiation regime. Remote Sensing of Environment, 74 (1): 145-162.

Verburg P H, Soepboer W, Veldkamp A. 2002. Land use change modeling at the regional scale: The CLUS-S model. Environmental Management, (30): 391-405.

Verhoef W. 1984. Light scattering by leaf layers with application to canopy reflectance modeling: The SAIL model. Remote Sensing of Environment, 16 (2): 125-141.

Xu S, Li S, Tao Z, et al. 2022. Remote sensing of chlorophyll-a in Xinkai Lake using machine learning and GF-6 WFV images. Remote Sensing, 14 (20): 5136.

附表　常用卫星参数

附表 1　常用全色多光谱卫星参数

序号	卫星名称	发射日期	载荷名称	波段设置/μm	分辨率/m	幅宽/km	国别或地区
1	KOMPSAT-2	2006 年 7 月	全色；多光谱相机	全色 0.50~0.90 蓝 0.45~0.52 绿 0.52~0.60 红 0.63~0.69 近红外 0.76~0.90	1；4	15	韩国
2	WorldView-1	2007 年 9 月	全色相机	全色 0.45~0.90	0.5	17.6	美国
3	GeoEye-1	2008 年 9 月	地球之眼成像系统相机（GIS）	全色 0.45~0.90 蓝 0.45~0.51 绿 0.52~0.58 红 0.655~0.69 近红外 0.78~0.92	全色 0.41；多光谱 1.64	15.2	美国
4	WorldView-2	2009 年 10 月	全色；多光谱相机	全色 0.45~0.80 海岸 0.4~0.45 蓝 0.45~0.51 绿 0.51~0.58 黄 0.585~0.625 红 0.63~0.69 红边 0.705~0.745 近红外 0.77~0.895 近红外 0.86~1.04	全色 0.46；多光谱 1.8	16.4	美国
5	Pleiades-1A	2011 年 12 月	全色；多光谱相机	全色 0.48~0.82 蓝 0.45~0.53 绿 0.51~0.59 红 0.62~0.70 近红外 0.775~0.915	全色 0.5；多光谱 2	20	法国

序号	卫星名称	发射日期	载荷名称	波段设置/μm	分辨率/m	幅宽/km	国别或地区
6	资源一号02C	2011 年12 月	P/MS 相机	全色 0.51～0.85 绿 0.52～0.59 红 0.63～0.69 近红外 0.77～0.89	全色 5；多光谱 10	60	中国
			HR 相机	全色 0.50～0.80	2.36	54	
7	资源三号01 星	2012 年 1 月	正视全色；正视多光谱	全色 0.50～0.80 蓝 0.45～0.52 绿 0.52～0.59 红 0.63～0.69 近红外 0.77～0.89	全色 2.1；多光谱5.8	全色 50多光谱 52	中国
8	KOMPSAT-3	2012 年 5 月	全色；多光谱相机	全色 0.45～0.90 蓝 0.45～0.52 绿 0.52～0.60 红 0.63～0.69 近红外 0.76～0.90	0.7；2.8	15	韩国
9	SPOT-6	2012 年 9 月	新型 Astrosat平台光学模块化设备（NAOMI）	全色 0.45～0.75 蓝 0.45～0.52 绿 0.53～0.60 红 0.62～0.69 近红外 0.76～0.89	全色 1.5；多光谱 6	60	法国
10	Pleiades-1B	2012 年12 月	全色；多光谱相机	全色 0.48～0.82 蓝 0.45～0.53 绿 0.51～0.59 红 0.62～0.70 近红外 0.775～0.915	全色 0.5；多光谱 2	20	法国/意大利
11	Landsat 8	2013 年 2 月	陆地成像仪(OLI)	全色 0.50～0.68 蓝 0.43～0.45 蓝 0.45～0.51 绿 0.53～0.59 红 0.64～0.67 近红外 0.85～0.88 短波红外 1.57～1.65 短波红外 1.36～1.39 短波红外 2.11～2.29	全色 15；多光谱 30	185	美国

续表

序号	卫星名称	发射日期	载荷名称	波段设置/μm	分辨率/m	幅宽/km	国别或地区
12	高分一号卫星（GF-1）	2013 年 4 月	高分辨率相机	全色 0.45～0.90 蓝 0.45～0.52 绿 0.52～0.59 红 0.63～0.69 近红外 0.77～0.89	全色 2； 多光谱 8	60	中国
			宽幅相机	蓝 0.45～0.52 绿 0.52～0.59 红 0.63～0.69 近红外 0.77～0.89	多光谱 16	800	
13	SPOT-7	2014 年 6 月	新型 Astrosat 平台光学模块化设备（NAOMI）	全色 0.45～0.75 蓝 0.45～0.52 绿 0.53～0.60 红 0.62～0.69 近红外 0.76～0.89	全色 1.5； 多光谱 6	60	法国
14	高分二号卫星（GF-2）	2014 年 8 月	全色；多光谱相机	全色 0.45～0.90 蓝 0.45～0.52 绿 0.52～0.59 红 0.63～0.69 近红外 0.77～0.89	全色 0.8； 多光谱 3.2	45	中国
15	WorldView-3	2014 年 8 月	全色；多光谱相机	全色 0.45～0.8 海岸 0.4～0.45 蓝 0.45～0.51 绿 0.51～0.58 黄 0.585～0.625 红 0.63～0.69 红边 0.705～0.745 近红外 0.770～0.895 近红外 0.86～1.04	全色 0.31； 多光谱 1.24	13.1	美国
16	KOMPSAT-3A	2015 年 3 月	全色；多光谱相机	全色 0.45～0.90 蓝 0.45～0.52 绿 0.52～0.60 红 0.63～0.69 近红外 0.76～0.90 中红外 3.3～5.2	0.55，2.2，5.5	12	韩国

序号	卫星名称	发射日期	载荷名称	波段设置/μm	分辨率/m	幅宽/km	国别或地区
17	Sentinel-2A	2015 年 6 月	多光谱成像仪（MSI）	光谱/中心波长： 海岸、气溶胶 0.443 蓝 0.49 绿 0.56 红 0.665 植被红边 0.705、0.74、0.783 近红外 0.842、0.865 水蒸气 0.945 短波红外 1.375、1.61、2.19	10，20，60	290	欧洲
18	北京二号卫星（BJ-2）	2015 年 7 月	全色；多光谱相机	全色 0.45～0.65 蓝 0.44～0.51 绿 0.51～0.59 红 0.60～0.67 近红外 0.76～0.91	全色 0.8； 多光谱 3.2	24	中国
19	高分四号卫星（GF-4）	2015 年 12 月	可见光近红外	全色 0.45～0.90 蓝 0.45～0.52 绿 0.52～0.60 红 0.63～0.69 近红外 0.76～0.89	可见光近红外 50	400	中国
20	WorldView-4	2016 年 11 月	全色；多光谱相机	全色 0.45～0.80 蓝 0.45～0.51 绿 0.51～0.58 红 0.655～0.69 近红外 0.78～0.92	全色 0.31； 多光谱 1.24	13.1	美国
21	资源三号 02 星	2016 年 5 月	正视全色 正视多光谱	全色 0.50～0.80 蓝 0.45～0.52 绿 0.52～0.59 红 0.63～0.69 近红外 0.77～0.89	全色 2.1； 多光谱 5.8	全色 50 多光谱 52	中国
22	高景一号（SuperView-1）01/02 星	2016 年 12 月	全色/多光谱相机	全色 0.45～0.89 蓝 0.45～0.52 绿 0.52～0.59 红 0.63～0.69 近红外 0.77～0.91	全色 0.5； 多光谱 2	12	中国

续表

序号	卫星名称	发射日期	载荷名称	波段设置/μm	分辨率/m	幅宽/km	国别或地区
23	Sentinel-2B	2017 年 3 月	多光谱成像仪（MSI）	光谱/中心波长： 海岸、气溶胶 0.443 蓝 0.49 绿 0.56 红 0.665 植被红边 0.705，0.74，0.783 近红外 0.842，0.865 水蒸气 0.945 短波红外 1.375，1.61，2.19	10，20，60	290	欧洲
24	高景一号 03/04 星	2018 年 1 月	全色；多光谱相机	全色 0.45～0.89 蓝 0.45～0.52 绿 0.52～0.59 红 0.63～0.69 近红外 0.77～0.91	全色 0.5；多光谱 2	12	中国
25	高分多模卫星	2020 年 7 月	高分辨率相机	全色 0.45～0.90 0.4～0.45 0.45～0.52 0.52～0.59 0.59～0.625 0.63～0.69 0.705～0.745 0.77～0.89 0.86～1.04	全色 0.5；多光谱 2	≥15	中国
26	资源三号 03 星	2020 年 7 月	正视全色；正视多光谱	全色 0.50～0.80 蓝 0.45～0.52 绿 0.52～0.59 红 0.63～0.69 近红外 0.77～0.89	全色 2.1；多光谱 5.8	全色 50 多光谱 52	中国
27	资源一号 04A	2019 年 12 月	宽幅全色；多光谱相机	全色 0.45～0.90 蓝 0.45～0.52 绿 0.52～0.59 红 0.63～0.69 近红外 0.77～0.89	全色 2；多光谱 8	≥90	中国/巴西
			多光谱相机	同宽幅多光谱相机	17	≥90	
			宽视场相机	同宽幅多光谱相机	60	≥685	

续表

序号	卫星名称	发射日期	载荷名称	波段设置/μm	分辨率/m	幅宽/km	国别或地区
28	高分六号卫星（GF-6）	2018年6月	高分辨率相机	全色 0.45~0.90 蓝 0.45~0.52 绿 0.52~0.60 红 0.63~0.69 近红外 0.76~0.90	全色 2； 多光谱 8	≥90	中国
			宽幅相机	0.45~0.52 0.52~0.59 0.63~0.69 0.77~0.89 0.69~0.73 0.73~0.77 0.40~0.45 0.59~0.63	多光谱 ≥16	≥800	
29	高分七号卫星（GF-7）	2019年11月	两线阵立体相机	全色 0.45~0.90 蓝 0.45~0.52 绿 0.52~0.59 红 0.63~0.69 近红外 0.77~0.89	全色后视 0.65，前视 0.8； 多光谱后视 2.6	≥20	中国
30	Landsat 9	2021年9月	二代陆地成像仪(OLI-2)	全色 0.50~0.68 蓝 0.43~0.45 蓝 0.45~0.51 绿 0.53~0.59 红 0.64~0.67 近红外 0.85~0.88 短波红外 1.57~1.65 短波红外 1.36~1.38 短波红外 2.11~2.29	全色 15； 多光谱 30	185	美国
31	PlanetScope 小卫星星座	2014~2017年	多光谱相机	蓝 0.455~0.515 绿 0.5~0.59 红 0.59~0.6 近红外 0.78~0.86	3~4.0	20；24.6	美国

序号	卫星名称	发射日期	载荷名称	波段设置/μm	分辨率/m	幅宽/km	国别或地区
32	SkySat	2013～2020年	全色 CMOS 相机；多光谱；CMOS 相机	全色 0.45～0.90 蓝 0.45～0.52 绿 0.52～0.60 红 0.61～0.70 近红外 0.74～0.90	SkySat-1、2：0.86，1 SkySat-3-15：0.65，0.81 SkySat-16-21：0.57，0.75	8；5.9；5.5	美国

资料来源：https://earth.esa.int/eogateway/missions；https://landsat.gsfc.nasa.gov/satellites；https://www.satimagingcorp.com；http://sasclouds.com。

附表 2　常用高光谱卫星参数

序号	卫星名称	发射时间	载荷名称	光谱范围/nm	波段数量/个	光谱分辨率/nm	空间分辨率/m	幅宽/km	国别或地区
1	PROBA-1	2001年10月	CHRIS	400～1050	80	1.25 11	17 34	14	欧洲
2	环境一号卫星 A 星	2008年9月	高光谱成像仪（HSI）	450～950	115	5	100	50	中国
3	高分五号卫星（GF-5）	2018年5月	可见短波红外高光谱相机（AHSI）	400～2500	330	5（VNIR） 10（SWIR）	30	60	中国
4	珠海一号卫星星座	2018～2019年	OHS 高光谱传感器	400～1000	≥32	2.5	10	150	中国
5	ISS	2018年7月	DESIS	400～1000	235	2.5	30		德国、美国
6	HysIS	2019年3月	HysIS	400～2500	326	10	30	30	印度
7	PRISMA	2019年3月	超光谱成像仪	400～2500	237	12	5；30	30	意大利
8	5m 光学卫星 01 星（资源一号 02D 卫星）	2019年9月	高光谱相机	400～2500	76（VNIR） 90（SWIR）	10（VNIR） 20（SWIR）	30	60	中国
9	5m 光学卫星 02 星（资源一号 02E 卫星）	2021年12月	高光谱相机	400～2500	76（VNIR） 90（SWIR）	10（VNIR） 20（SWIR）	30	60	中国
10	EnMAP	2022年4月	高光谱成像仪（HSI）	420～2450	242	5～12	30	30	德国

资料来源：王桥等，2010；https://www.eoportal.org/satellite-missions；http://sasclouds.com。

注：VNIR 表示可见光近红外；SWIR 表示短波红外。

附表 3　常用热红外卫星参数

序号	卫星名称	发射时间	载荷名称	光谱范围/μm	空间分辨率/m	幅宽/km	国别
1	Landsat 8	2013 年 2 月	热红外传感器（TIRS）	10.60～11.19 11.50～12.51	100	185	美国
2	环境一号卫星 B 星	2008 年 9 月	红外多光谱相机（IRS）	10.5～12.5	300	720	中国
3	Landsat 9	2021 年 9 月	二代热红外传感器（TIRS-2）	10.60～11.19 11.50～12.51	100	185	美国
4	可持续发展科学卫星 1 号	2021 年 11 月	热红外成像仪	8～12.5	30	300	中国
5	5m 光学卫星 02 星	2021 年 12 月	热红外相机	8～10	≤16	≥115	中国

资料来源：王桥等，2010；http://sasclouds.com。

注：表中仅列举了部分能够用于地表热环境监测的热红外卫星遥感数据，没有包含气象、海洋等其他红外遥感传感器和卫星数据。

附表 4　常用雷达卫星参数

序号	卫星名称	发射时间	波段	成像模式	极化方式	幅宽/km	距离向分辨率/m	国别或地区
1	L 波段差分干涉 SAR 卫星 A 星/B 星	2022 年 1 月/2 月	L 波段	条带模式 1	单极化	50	3	中国
				条带模式 2	单极化	100	12	
				条带模式 3	双极化	50	3	
				条带模式 4	双极化	30	6	
				条带模式 5	单极化	150～250	20～30	
				扫描模式	单极化	400	30	
2	高分三号卫星	2016 年 8 月	C 波段	滑动聚束（SL）	单极化	10	1	中国
				条带成像模式	单极化 双极化 全极化	30～130	3～25	
				扫描成像模式	双极化	300～650	50～500	
				波成像模式（WAV）	全极化	5	10	

序号	卫星名称	发射时间	波段	成像模式	极化方式	幅宽/km	距离向分辨率/m	国别或地区
3	RADARSAT Constellation Mission（RCM）	2019 年 6 月	C 波段	低分辨率模式	单极化 双极化 全极化	500	100	加拿大
				中等分辨率模式		30～350	16～50	
				高分辨率模式		30	5	
				更高分辨率模式		20	3	
				低噪声模式		350	100	
				舰船探测模式		350	/	
				聚束模式		20×5	1	
				全极化模式		20	9	
4	Sentinel-1A/1B	2014 年 4 月/2016 年 4 月	C 波段	条带模式（SM）	单极化、双极化	80	5	欧洲
				干涉宽幅模式（IW）	单极化、双极化	250	5	
				超宽幅模式（EW）	单极化、双极化	410	20	
				波模式（WAV）	单极化	20	5	
5	COSMO-Sky Med	2007 年 6 月	X 波段	聚束模式（SL）	单极化	10	1	意大利
				条带模式（SM）	单极化、双极化、全极化	30～40	3～15	
				扫描模式（SC）	全极化	100～200	30～100	
6	TerraSAR-X	2007 年 6 月	X 波段	凝视聚束模式（ST）	单极化	4×3.7	0.6	德国
				高分辨率聚束300MHz（HS300）	单极化	10×5	0.6	
				高分辨率聚束（HS）	单极化	10×5	1.2	
				聚束模式（SL）	单极化	10×10	1.2	
				条带模式（SM）	单极化、双极化	30×50	1.2	
				扫描模式（SC）	单极化	100×150	1.2	
				宽幅扫描模式（WS）	单极化	270×200	1.7～3.3	

序号	卫星名称	发射时间	波段	成像模式	极化方式	幅宽/km	距离向分辨率/m	国别或地区
7	先进陆地观测卫星ALOS-2	2014年5月	L波段	聚束模式（SL）	单极化、双极化	25	3	日本
				条带模式（SM）	单极化、双极化、全极化	50～70	3～10	
				扫描模式（SC）	单极化、双极化	350	100	
				全极化模式（QP）	全极化	30～50	6～10	
8	KOMPSAT-5	2013年8月	X波段	高分辨率模式（HR）	全极化	5	1	韩国
				标准模式（ST）		30	3	
				宽幅模式（WS）		100	20	
9	TanDEM-X	2010年6月	X波段	凝视聚束模式（ST）	单极化	4×3.7	0.6	德国
				高分辨率聚束300MHz（HS300）	单极化	10×5	0.6	
				高分辨率聚束（HS）	单极化	10×5	1.2	
				聚束模式（SL）	单极化	10×10	1.2	
				条带模式（SM）	单极化、双极化	30×50	1.2	
				扫描模式（SC）	单极化	100×150	1.2	
				宽幅扫描模式（WS）	单极化	270×200	1.7～3.3	

资料来源：http://sasclouds.com。

附表5　常用夜光卫星参数

序号	卫星名称	发射时间	载荷名称	分辨率/m	幅宽/km	国别
1	DMSP	1965年1月	OLS	2700	3000	美国
2	NPP	2011年10月	VIIRS可见光红外成像辐射仪	370～750	3000	美国
3	可持续发展科学卫星1号	2021年11月	微光成像仪	40 10	300	中国

资料来源：李德仁等，2019；https://www.ospo.noaa.gov/。

附表 6 常用测绘卫星参数

序号	卫星名称	发射时间	载荷名称	主要功能	国别
1	资源三号 01 星	2012 年 1 月	三线阵测绘相机	立体测图	中国
2	资源三号 02 星	2016 年 5 月	三线阵测绘相机、多光谱相机	立体测图	中国
3	GRACE-FO 卫星	2018 年 5 月		地球重力场的高精度测量	美国
4	ICESat-2	2018 年 9 月	先进地形激光测高系统	在极地冰盖、海冰以及森林植被方面提供高精度的高程测量及变化监测数据	美国
5	高分七号卫星	2019 年 11 月	两线阵立体相机、激光测高仪、足印相机	自然资源调查监测、基础测绘、全球地理信息资源建设	中国
6	资源三号 03 星	2020 年 7 月	三线阵测绘相机激光测高仪	多角度立体观测和激光高程控制点测量	中国

资料来源：http://sasclouds.com。